刚正立行

五育并举下的中学特色课程构建探索

刘世烽 著

图书在版编目（CIP）数据

刚正立行：五育并举下的中学特色课程构建探索 / 刘世烽著. -- 广州：华南理工大学出版社，2024.12. -- ISBN 978-7-5623-7879-2

Ⅰ. G632.3

中国国家版本馆CIP数据核字第2024NG5381号

Gangzheng Lixing——Wuyu Bingju Xia De Zhongxue Tese Kecheng Goujian Tansuo

刚正立行——五育并举下的中学特色课程构建探索

刘世烽　著

出 版 人：房俊东
出版发行：华南理工大学出版社
　　　　　（广州五山华南理工大学17号楼，邮编510640）
　　　　　http://hg.cb.scut.edu.cn　E-mail: scutc13@scut.edu.cn
　　　　　营销部电话：020-87113487　87111048（传真）
责任编辑：刘　锋
责任校对：张晓婷
印 刷 者：广州小明数码印刷有限公司
开　　本：787 mm×960 mm　1/16　印张：11.75　字数：230千
版　　次：2024年12月第1版　印次：2024年12月第1次印刷
定　　价：49.00元

版权所有　盗版必究　印装差错　负责调换

前 言

作为教育工作者,我们都在为学校特色发展而忙碌、苦恼,但我们是否思考过什么是学校特色发展?学校为何追求特色发展?这不仅关乎教育理念的革新,更是提升学校核心竞争力、实现差异化发展的关键。对学校特色的深入理解,如同航海中的指南针,直接指引着学校的办学思路与管理实践,并深刻影响着学校教育资源的优化配置。因此,准确把握学校特色发展的方向,对于引领学校迈向我们所憧憬的未来,具有不可估量的重要性与战略意义。

缺乏特色即意味着缺乏竞争力。在时代教育变革的洪流中,彰显学校特色已成为关键。当前,我们正处于经济全球化与文化多元化交织的时代,这一时代迫切呼唤着多层次、多样化的人才供给。传统的"千校一面、万人同语"培养模式,已无法满足时代对人才多元化的迫切需求,因此,构建和强化学校特色发展,成为回应时代呼唤、培养未来人才的必由之路。

在这一时代背景下,对于如何构建学校特色发展,广州市南沙大岗中学给出了回答——秉承"成就师生有为人生"的教育理想,将刚正文化作为学校精神的内核与原力,打造出刚正教育办学特色。"刚"与"正"之精神,深植于地域文化的沃土与学校悠久历史的发展脉络之中,不断激励着学校前行,成为学校持续发展的不竭源泉。

自我国明确提出"坚持'五育'并举,全面发展素质教育"以来,"五育并举"成为新时期教育改革和发展的必然趋向。对于学校而言,刚正教育与"五育并举"育人模式具有内在的联系和契合点,能够为学生的成长提供有效的支持和引导。为培养和全面发展学生个性和综合素质,大岗中学将刚正文化融入"五育并举"的教育实践之中,不仅注重知识与技能的传授,更强调品德修养、身心健康、审美情趣和劳动技能的培养,以刚正思想为引领,打造全方位、立体化的特色育人体系,大力开展个性化的刚正特色教育活动。我们在"五育并举"的道路上迈出了坚实的步伐,为培养新时代的优秀人才贡献着力量。

本书是大岗中学多年来探索和实践刚正教育办学而形成的结晶。其立足理念源泉和顶层设计，挖掘刚正教育的历史脉络和时代价值；从校本特色课程入手，展现学校如何在课程中落实"五育并举"理念，培养"有识、有体、有恒、有志、有为"的刚正学子；从课堂改革这一教育核心引擎出发，总结学校构建生态课堂教学模式的经验，并将理论与实践相结合，展示各学科课堂融入刚正教育理念的策略；关注教师的专业发展，致力于打造"精心、精炼、精细"的教师团队。

学校特色发展的最终目标，是培养具备综合素养与能力的学生，确保他们在德、智、体、美、劳等维度上实现全面发展。"让师生站上成长高地"是大岗中学的办学理念，我们追求把学校办成一个育人"高地"，就像学校屹立在高岗上一样，站得高、看得远、立得稳、扎得实，朝着成为一所"有内涵、有特色、有作为的区域优质学校"前进。同时，这也是学校对师生的深切期望，希望师生们在未来无论走向何方，都能以刚正精神为指引，刚毅正直，勇于担当，成为社会的栋梁之材。

刘世烽

2024年9月

目 录

第一章 刚正教育，培育刚正学子 1
 第一节 刚正教育的理念源泉 1
  一、国内外教育环境的需求 1
  二、刚正教育的理论基础 7
  三、刚正教育的文化根源 10
  四、刚正教育的校情分析 13
 第二节 刚正教育的特色构建 15
  一、刚正特色，锚定品牌定位 15
  二、文化建设，塑造品牌形象 16
  三、刚正特色课程，凸显品牌特色 24
  四、高效课堂，发展品牌竞争力 31
  五、刚正优师，激发品牌活力 33

第二章 刚正课程，落实核心素养 35
 第一节 有志：尚德课程 35
  一、课程目标 35
  二、课程结构 36
  三、课程内容 37
  四、课程实施 38
  五、课程评价 46
  六、课程案例："毅行者"活动 46
 第二节 有识：博学课程 47
  一、大自然中的生物小学者 48
  二、发现隐藏的科学世界 56
 第三节 有恒：健体课程 66
  一、击剑课程 66
  二、篮球课程 71
  三、毽球课程 77
 第四节 有体：雅美课程 82

一、舞蹈艺术课程 …………………………………………… 83
　　二、艺术素养课程 …………………………………………… 86
第五节　有为：勤勉课程 ………………………………………… 89
　　一、"校内小农田"课程 ……………………………………… 89
　　二、生涯教育课程 …………………………………………… 95

第三章　教学改革，构建高效课堂 ………………………………… 101
　第一节　构建生态课堂教学模式 ………………………………… 101
　　一、正视课堂教学的短板 …………………………………… 101
　　二、课堂教学的新思维 ……………………………………… 104
　　三、课堂教学的新流程 ……………………………………… 105
　　四、课堂教学的新教法 ……………………………………… 109
　　五、课堂教学的新评价 ……………………………………… 110
　第二节　学科课堂渗透刚正教育 ………………………………… 117
　　一、语文学科 ………………………………………………… 117
　　二、数学学科 ………………………………………………… 122
　　三、历史学科 ………………………………………………… 126
　　四、政治学科 ………………………………………………… 134
　　五、生物学科 ………………………………………………… 138

第四章　刚正优师，优化教师队伍 ………………………………… 143
　第一节　刚正优师建设工程 ……………………………………… 143
　　一、丰富成长路径，搭建教师成长桥梁 …………………… 144
　　二、细化教学管理，保障教学有序推进 …………………… 146
　第二节　科研强校工程 …………………………………………… 149
　　一、教科研现状分析 ………………………………………… 149
　　二、工程实施策略 …………………………………………… 150
　　三、项目研究案例 …………………………………………… 152
　　四、课题论文案例 …………………………………………… 159
　第三节　信息赋能工程 …………………………………………… 164
　　一、提升教师信息能力 ……………………………………… 164
　　二、打造精准教育模式 ……………………………………… 167

附　　录 ……………………………………………………………… 173
结　　语 ……………………………………………………………… 179
参考文献 ……………………………………………………………… 180

第一章

刚正教育，培育刚正学子

第一节 刚正教育的理念源泉

一所学校的特色建设，实际上就是学校办学理念的个性化表现。在学校的特色建设中，要遵循"特色办校、特色强校"的发展思路，通过独特的教育理念和办学模式确立学校特色，进而激发学校的活力与竞争力，并在实践中不断完善和优化，实现全面发展。

理念决定高度。教育理念是学校发展的内核与灵魂，它是围绕着"办什么样的学校"和"怎样才能办好学校"这两个核心问题，经过长期的理性思考及实践所形成的一系列教育观念、教育思想及其教育价值追求的总和，是学校自主建构起来的学校教育哲学。

有学者认为，提炼学校办学理念的方法主要有以下几种：一是在传承历史中超越；二是在反思现实中构建；三是在借鉴经验中创新；四是在验证理想中生成。也有教育者认为，学校品牌定位应充分考虑四个客观要求：教育的客观规律、社会的客观要求、学校的客观基础、办学的客观条件。笔者综合各方面资料，梳理提炼出学校办学理念的四个基本方向：客观环境需求、教育理论依据、历史文化传承、学校发展分析。以下从这四个方向进行探讨。

一、国内外教育环境的需求

教育改革之所以成为时代的迫切需求，其最深层次的动力源自社会需求的变迁。在全球化、信息化与智能化快速发展的时代背景下，一场前所未有的人类社会变革正在发生，这场变革影响着社会经济结构、人们的生活方式和价值观念等多个方面，更影响着人们对教育的观念、看法和期待。基于此，教育作为推动社会发展、培养人才的基石，需要适应时代的变化，才能实现革新与超越。

在这一时代背景下，学校特色发展就成了为适应内外部环境而调整变化的一种战略选择，它是学校根据外部和内部环境的动态变化，形成独具特色的教育品牌和核心竞争力。学校特色发展规划的起点是：社会是自变量，教育是因变量。社会是引领教育变革的自变量，其发展需求、技术革新、文化变迁等因素构成了教育改革的驱动力；而教育作为因变量，需要积极响应并服务于社会变迁，通过不断调整与优化来满足新的社会需求和培养人才的需求。

如何实现学校特色发展？关键在于精准定位，也就是要在理解时代背景和社会需求的基础上，找准学校的特色发展与外部主体需要之间适宜的结合点。这就需要学校具备开阔、前瞻性的视野，来洞察国内外的教育发展趋势和人才需求，继而深入挖掘自身的办学优势与资源特色。

（一）国际教育发展趋势

教育是人类社会发展的动力源与坐标尺。近年来，世界各国教育面临一系列共通性挑战，如公平优质教育发展陷入困境、青年技能与劳动力市场脱节、专业教师队伍建设亟待加强、信息革命带来潜在教育风险、教育国际交流合作频繁受阻等。面对诸多挑战，世界各国纷纷制定了一系列具有针对性的教育政策，推进教育教学改革，以实现各自的战略目标。比如：扩大教育资源供给，促进教育机会公平；规范教育法律法规，健全教育保障体系；强化知识技能习得，提高人才培养质量；提升教师专业水平，激发教育内生动力；深化职业教育改革，支撑产业结构升级；加强教育评估问责，确保组织管理效率。

值得注意的是，各国的人才观念和育人理念发生了转变：人才培养的质量标准不再局限于对具体知识与事实的掌握程度，而是转向对学生创新创造、问题解决、自我调节、沟通交流、社会情感、全球意识、可迁移技能，以及可持续发展等能力素养的共同关注，这一转变推动形成了更加全面、多元和贴近生活的人才标准和育人理念。

这一趋势下的产物——"核心素养"成为近年来国际教育的大热点。国际上的核心素养主要分为国际组织和国家两个层面。

国际组织主要有经济合作与发展组织（OECD）、欧盟（EU）、联合国教科文组织（UNESCO）等。经济合作与发展组织提出了三大类核心素养：互动地使用工具、与异质群体互动、自主行动。欧盟的核心素养框架包括母语、外语、数学与科技素养、信息素养、学习能力、公民与社会素养、创业精神、艺术素养等八个领域。联合国教科文组织则强调从"工具性目标"转变为"人本性目标"，关注人的情感、智力、身体、心理诸方面的潜能和素质的发展。这些框架涵盖了人的全面发展和21世纪素养的指标，共同指向个体的终身学习和发展。

许多国家根据自身国情和国际趋势，构建了具有本国特色的核心素养框架。例如，美国的"核心知识"、法国的"共同文化"、德国的"关键能力"、日本的"基础学力"等。这些都是核心素养教育在不同国家的具体体现。可见，全球范围内的基础教育改革正深刻聚焦于学生核心素养的培育，强调从传统的"知识本位"向"核心素养导向"转变，其核心目的在于全面提升学生的综合素养，确保学生能够灵活应对并适应未来社会的多元化需求与挑战。

近年来，国际上的核心素养逐渐呈现多元化和综合性的特点。

一是技术与教育的融合。①数字化教育：随着大数据、人工智能等技术的快速发展，数字化教育成为培养学生核心素养的重要途径之一。通过数字化教学资源和平台，学生可以获得更加个性化、多样化的学习体验，从而提高学习效果和核心素养。②智能评估：数字技术的应用也使得教育评估更加全面、动态和个性化。通过基于学习分析的反馈循环，教师可以更好地了解学生的学习情况，为学生提供更有针对性的指导和帮助。

二是全球视野与本土特色的结合。①国际交流与合作：为了培养学生的全球视野和跨文化交流能力，各国纷纷加强国际教育交流与合作。通过参与国际项目、举办国际交流活动等方式，学生可以更好地了解不同国家的文化和教育制度，从而拓宽视野、增长见识。②本土化的探索：在借鉴国际经验的同时，各国也注重结合本国国情进行本土化的探索。例如，在构建核心素养框架时充分考虑本国的历史、文化和社会背景，在课程和教学改革中注重融入本土元素和特色等。

三是对课程体系、教学内容和教学方法进行改革。例如，加强跨学科学习、推广项目式学习、实施主题式教学等，这些教学方法有助于培养学生的创新思维、批判性思维和综合解决问题的能力。①个性化教育是满足学生多样化需求的重要途径之一。教育应该关注学生的个性差异，提供个性化的教学方案。随着人工智能等技术的应用，个性化教育变得更加可行。通过智能评估系统、个性化学习平台等工具，教师可以更好地了解学生的学习情况，为学生提供更有针对性的指导。②STEM教育（科学、技术、工程和数学教育）旨在培养学生的科学探究能力、技术设计能力、工程实践能力和数学思维能力，这些能力对应对未来社会的挑战至关重要。因此，各国纷纷加强STEM教育的投入和推广，通过建设STEM教育中心、开展STEM竞赛、培养STEM教师等方式，提高学生的STEM素养。一些国家和地区还进一步加入了艺术（Arts）元素，形成了STEAM教育，旨在培养学生的跨学科思维和创新能力。③跨学科学习成为未来教育的重要趋势。跨学科学习是一种打破传统学科之间的界限，将不同领域的知识、方法和技能进行有机融合，以解决复杂问题或创造新知识的一种学习方式。在这一学习方式下，学生需要跳出单一学科的思维框架，学习不同学科的知识和技能，以解决现实生活中的问题。

综上所述，全球教育对培养具有核心素养、适应未来社会需求的学生高度重视。为此，各国在构建核心素养框架、推进教育政策改革、融合技术与教育，以及加强国际交流与合作等方面不断努力和探索，以期培养出更多具有全面素养和创新能力的人才。

（二）国内教育政策要求

中国学生的核心素养是指学生应具备的适应终身发展和社会发展需要的必备品格和关键能力。那么如何将培育和发展学生核心素养的指导思想细化并落实到教育教学中呢？

2017年，教育部发布普通高中课程方案和14门课程标准（2017年版），充分挖掘各学科对贯彻党的教育方针、落实立德树人根本任务、发展素质教育的独特贡献，并在此基础上凝练本学科的核心素养，明确学生学习该学科课程后应达成的正确价值观、必备品格和关键能力。

2018年，在全国教育大会上，习近平总书记提出"培养德智体美劳全面发展的社会主义建设者和接班人"的重要论点。我国是中国共产党领导的社会主义国家，这就决定了我们的教育必须把培养社会主义建设者和接班人作为根本任务。自德智体美劳全面发展的教育思想提出以来，教育界大致形成了"五育并举"和"五位一体"两个具有代表性的观点，前者认为"五育"是全面发展教育中的五个基本领域，这五个领域共同支撑着人的全面发展，这也是国家的教育方针。如今，逐渐出现了从"五育并举"走向"五育融合"的新主张，这一主张更强调"五育"的互育、融通和互成，并认为这是贯彻落实新时代党的教育方针和有关重大政策的需要。

2019年6月，中共中央、国务院下发《关于深化教育教学改革全面提高义务教育质量的意见》。这是首个聚焦义务教育阶段教育教学改革的重要文件，是新时代我国深化教育教学改革、全面提高义务教育质量的纲领性文件。该意见明确要坚持"五育并举"，着力解决素质教育落实不到位的问题。

2020年1月召开的全国教育工作会议上，教育部原部长陈宝生表示，2020年要对准"五育并举"体系中的短板弱项，精准发力。

2022年，教育部印发了新修订的义务教育课程方案和课程标准，各门课程基于培养目标，将教育方针具体化、细化为学生核心素养发展要求，明确本课程应着力培养的正确价值观、必备品格和关键能力。新课程标准的文本框架如图1-1所示。

文本框架				逻辑思路 （要回答的基本问题）
一、课程性质				本课程的来源及其特征是什么？ 为什么要学习本课程？ 对学生发展有什么重要价值？
课程性质及教育价值				
二、课程理念				本课程的价值追求是什么？ 如何通过课标的各部分来落实？
目标理念	内容理念	实施理念	评价理念	
三、课程目标				本课程对学生核心素养培育的贡献是什么？ 其进阶水平是怎样的？ （课程目标是核心素养的具体化）
历时性	共时性			
	（一）核心素养内涵		（二）目标要求	
结果	1. 要素及内涵		1. 课程总目标	
过程	2. 学段特征（素养进阶）		2. 学段目标	
四、课程内容				给学生提供哪些经验（内容及其基本活动）来达成课程目标？
内容结构图	（一）内容单位1 1. 内容要求 2. 学业要求 3. 教学提示 （二）内容单位2 …… （三）内容单位3 …… （N）跨学科主题学习——跨学科内容		观念 主题 任务	
五、学业质量				如何判定学生课程学习的结果？
学业质量内涵		学业质量描述		
六、课程实施				如何有效实施本课程？
教学建议	评价建议	教材编写建议	课程资源开发与利用	教师培训与教学研究	

图 1-1　新课程标准的文本框架

课程标准的精心研制与适时修订，构成了基础教育改革的核心驱动力与稳固支撑点。若无此动力引擎，改革将无法启动并深入发展；缺乏这一支撑，改革则难以找到有效实施的着力点。

1. 从学科立场走向教育立场

2022年版课程标准的修订强化和凸显了人的因素，将课程目标指向核心素养，推动基础教育课程由学科立场向教育立场（学生发展）转型，以人的发展特别是核心素养的形成为宗旨重建课程标准的方方面面。义务教育阶段各门课程培育的核心素养如表1-1所示。

表1-1　义务教育阶段各门课程培育的核心素养

课程	培育的核心素养
语文	文化自信、语言运用、思维能力、审美创造
数学	会用数学的眼光观察现实世界、会用数学的思维思考现实世界、会用数学的语言表达现实世界
英语（日语、俄语）	语言能力、文化意识、思维品质、学习能力
物理	物理观念、科学思维、科学探究、科学态度与责任

续表

课程	培育的核心素养
化学	化学观念、科学思维、科学探究与实践、科学态度与责任
生物学	生命观念、科学思维、探究实践、态度责任
道德与法治	政治认同、道德修养、法治观念、健全人格、责任意识
历史	唯物史观、时空观念、史料实证、历史解释、家国情怀
地理	人地协调观、综合思维、区域认知、地理实践力
艺术	审美感知、艺术表现、创意实践、文化理解
劳动	劳动观念、劳动能力、劳动习惯和品质、劳动精神
信息科技	信息意识、计算思维、数字化学习与创新、信息社会责任
体育与健康	运动能力、健康行为、体育品格

可以说，课程标准是从课程视角具体、真实回答教育的核心命题，即"培养什么人、怎么培养人"（培养学生什么素养，用什么内容和通过什么路径进行培养）的问题。

2. 从三维目标到核心素养的变化

核心素养导向的新课程标准不同于三维目标导向的课程标准，更不同于双基导向的教学大纲。之前的教学大纲和课程标准从根本上说都是属于内容导向或者说是以内容为核心的，都是围绕学科知识内容的选择与组织进行编制，几乎看不到人的因素，也极少阐述和揭示课程的育人价值，所以跟教育学的关系相对"疏远"。凝练课程培育的核心素养和挖掘课程的独特育人价值，就是要解决三维目标与人的发展的统一性问题。

在新课程标准中，人的发展被转化并具体化为核心素养的发展，课程标准的修订特别是课程内容的选择、组织、建构都围绕、体现着核心素养，并最终转化为核心素养，这样人的发展也就和课程内容建立起有机统一的联系。正如义务教育课程方案修订组组长崔允漷所言："凝练课程培育的核心素养一方面直接承接于课程育人目标，有利于让学科教育'回家'；另一方面明确了学生学习某学科课程后应达成的正确价值观、必备品格和关键能力，对前述三维目标进行了上位的有效统整，从而避免了实践中三维目标走向割裂。"

从三维目标过渡到核心素养导向下，以核心素养为指导的课程教学的新方式和新模式需要学校自身探讨的问题如下：怎么样形成与核心素养要求相适应的新的教育教学方式？大岗中学的刚正文化和核心素养之间的关系是什么？如何去落实？核心素养既然被视作课程的基因蓝图，那么它就蕴含了构建整套课程的全部精髓与密码。换言之，核心素养构成了课程体系不可或缺的"基石"与指导原则，课程的所有构成元素与目标导向均应紧密围绕其展开并衍生而出。

3. 由学科本位向人本位转型

新课标通过设置课程性质、课程理念、课程目标、课程内容、学业质量和课程实施等板块来指导落地。课程目标是人的核心素养具体到课程的转换枢纽，集中阐述课程培育的核心素养的内涵、维度、学段特征以及在课程目标上的体现；课程内容是课程培育核心素养的载体，从有利于核心素养形成的角度进行建构；学业质量是课程培育核心素养的表现，是核心素养在具体课程内容上的体现；课程实施是课程培育核心素养的路径和保障，从有助于核心素养形成的视角阐述课程实施的要素、过程和条件。课程标准由此实现了由学科本位向人本位的转型，这是实现整个教育由学科本位向人本位转型的一个"支点"。

4. 新课标带来新教学

新课标的方向性非常明确，新教学将深化教学改革，提出了四个方面的要求：第一，坚持素养导向。我们的目标不是只关注知识点，而是更关注素养。第二，强化学科实践。素养目标不是靠上一节课，也不是只靠听课就能达到的，需要理论与实践相结合。第三，推进综合学习。义务教育阶段要非常关注综合学习，我们需要加强学科内知识整合，推进跨学科学习，建设综合课程。在新课标中，对于每一门课标，国家都要求用10%的时间来开发跨学科主题，在教材层面必须保证将10%的跨学科内容设计出来。第四，要考虑如何"适合每个人"，即要落实因材施教、因人导学。

从国内外大环境来看，核心素养的培育已经成为教育改革和人才培养的重要方向。以培养核心素养为导向的教育趋势强调培养学生的批判性思维、创造性思维、沟通能力和协作技能，这些能力被视为学生在全球化世界中取得成功的关键。国内外教育系统正逐步从传统的知识传授转向更加注重学生个人发展和终身学习能力的培养。教育改革的不断深化，既可以加强核心素养的培育，又可以更好地满足社会发展的需要，促进学生的全面发展。

二、刚正教育的理论基础

刚正教育的重要理论基础是"五育并举"。"五育并举"是指德、智、体、美、劳全面发展，彰显了新时代中国教育以人为本的鲜明底色。

(一)"五育并举"的教育背景

"五育并举"是教育家蔡元培提出的教育理念,他从"养成共和国民健全之人格"的观点出发,提出军国民教育、实利主义教育、公民道德教育、世界观教育及美感教育五项主张。1957年,毛泽东主席在最高国务会议第十一次(扩大)会议上提出"德育、智育、体育"的"三育"观点。1999年,中共中央、国务院下发《关于深化教育改革全面推进素质教育的决定》,美育成为我国全面发展教育的组成部分,"三育"扩展为"四育"。2018年,习近平总书记在全国教育大会上指出"要培养德智体美劳全面发展的社会主义建设者和接班人",明确将"劳动教育"纳入全面发展教育,进一步将"四育"扩展为"五育"。

"五育并举"的教育理念并非仅限于中国,它在国际教育领域中也具有一定的背景和影响。

首先,"五育并举"的国际教育背景源于对传统教育模式的反思与改进,强调在教育过程中均衡发展德、智、体、美、劳五个方面,以培养全面发展的个体。这一理念与国际教育中提倡的全人教育、终身学习等理念相契合,旨在通过多元化的教育手段和内容,促进学生在知识、技能、情感、身体和审美等方面的均衡成长。在国际教育的背景下,"五育并举"不仅关注学生的学术成就,也重视其社会适应能力、创新精神和实践技能的培养。这种教育模式鼓励学生发展批判性思维、解决问题的能力及跨文化交际能力,这些都是在全球化背景下日益重要的个人素质。

其次,"五育并举"的教育理念在全球范围内得到了广泛的认可和实践。例如,经济合作与发展组织确立的三类当代亟须的核心素养中蕴含了"五育并举"的特性,这些核心素养包括使用语言、符号和文本的能力,使用知识和信息的能力,以及使用技术的能力,这些实质上涵盖了智育和劳动教育。此外,欧盟于2000年提出了"新基本能力"的概念,2005年又提出了八项核心素养,这些核心素养不仅整体涵盖,更是综合融通了德、智、体、美、劳"五育"内容。

最后,"五育并举"的国际教育背景也与联合国教科文组织等国际组织推广的教育目标相一致,如可持续发展目标中的教育目标,强调包容和公平的优质教育,以及促进终身学习的机会。因此,"五育并举"的教育理念在国际教育领域中得到了广泛的认可和应用。

(二)"五育并举"的实践意义

2019年,中共中央、国务院印发的《关于深化教育教学改革全面提高义务教育质量的意见》中明确提出"坚持'五育'并举，全面发展素质教育"。近年来，"五育并举"理念在各级各类学校的教育实践中得到了广泛贯彻和落实。

在新时代的背景下，结合中国式现代化的进程，"五育并举"的教育理念得到了更加深入的发展与实践。这一理念强调的"五育"包括德育、智育、体育、美育以及劳动教育。近年来，随着教育改革的深入，"五育融合"逐渐成为教育领域的研究热点。构建"五育融合"全面培养的教育体系成为当前教育的迫切需求。"五育融合"的理念蕴含了对教育治理体系和治理能力现代化的实践要求，以德育为价值引领，强调"五育"各自独立但不割裂，通过彼此的有机融通发挥育人的总体功效。这一理念与欧盟提出的核心素养指标和"新基本能力"的概念相融通，是人类命运共同体意识在教育层面的生动体现。可以说，"五育并举"是"五育融合"的基础与前提，"五育融合"是"五育并举"的深化和具体化。"五育并举"和"五育融合"虽有不同，但都是致力于培养堪当民族复兴大任的、德智体美劳全面发展的社会主义建设者和接班人这个教育根本目的。[1]

1. 促进学生全面发展

"五育并举"的教育理念有助于克服传统教育中重智轻德、重知识轻能力的倾向，使教育更加符合人的发展需求和社会对人才的需求。"五育融合"强调"五育"之间的相互渗透和有机融合，以实现教育目标的整合。这种整合有助于形成统一的教育力量，使"五育"之间相互促进、相得益彰，共同为学生的全面发展提供支持。

2. 提高教育质量

"五育并举"要求教育者关注学生的个体差异，采用多样化的教学方法和手段，以满足不同学生的需求。这种个性化、差异化的教育方式有助于提高教育质量和效率，使每个学生都能得到充分的发展。

3. 培养创新精神和实践能力

"五育并举"注重培养学生的创新精神和实践能力。通过开展各种课外实践活动，学生可以锻炼自己的动手能力、解决问题的能力及团队协作能力，为未来的学习和工作打下坚实的基础。"五育融合"鼓励跨学科学习，打破传统学科之间的界限。通过跨学科学习，学生可以接触到更广泛的知识领域，培养跨学科思维和解决问题的能力，为未来的学习和工作提供更多的可

---

[1] 石中英，董玉雪，仇梦真. 从"五育并举"到"五育融合"：内涵、合理性与实现路径[J]. 中国教育学刊，2024（2）：65-69.

能性。

大岗中学在学校实施刚正教育的背景下,实施"五育并举"育人模式具有重要的现实意义。该模式不仅有助于促进学生的全面发展,提高教育质量,还能够培养学生的道德品质、创新能力和实践能力,使学生成为具有高尚品德、卓越能力和身心健康的人才。刚正教育与"五育并举"的育人模式具有内在的联系和契合点。刚正教育强调正直、刚毅、公正等品质,而"五育并举"则注重对学生德、智、体、美、劳方面的培养。二者相结合可以形成一种全面而有力的育人模式,为学生的成长提供全面的支持和引导。在实践中,学校可以通过多种路径和方法将刚正教育与"五育并举"育人模式进行有机融合。

为此,学校深入研究刚正教育与"五育并举"育人模式的理论基础和实施路径,进一步探索二者在实践中的有效性和可行性。第一,关注该模式在不同学段、不同学科、不同学校中的实施情况和效果,分析其影响因素和存在的问题,提出针对性的改进措施。第二,探索如何将刚正教育的理念和价值观渗透到"五育并举"育人的实践中,形成一种全面而有力的育人模式。一是关注"五育并举"育人模式对学生个体差异、学习动力、学习效果等方面的影响;二是关注刚正教育下"五育并举"育人模式在促进学生全面发展中的作用,如研究该模式对学生道德品质、创新能力、实践能力等方面的培养效果,以及对学生身心健康、社会责任感等方面的影响。第三,进一步研究刚正文化背景下的"五育并举"育人模式在教育改革和创新中的作用。一是探索该模式与新时代教育发展目标、教育评价改革等方面的关系,为教育改革提供理论支撑和实践指导;二是关注该模式在推动学校特色发展、提升学校整体实力等方面的作用。

三、刚正教育的文化根源

大岗中学的刚正教育是基于刚正文化而衍生出的特色教育思想。刚正文化其根源可追溯至古代深邃的"刚"与"正"之精神,历经时代的变迁与大岗中学悠久的发展脉络,已凝练为学校精神的核心与不竭动力。

(一)刚正文化的历史源泉

刚正文化,是刚文化和正文化内涵的合一。"刚",有刚健有为之意。"正",义为平正、不偏斜、正直、纯正、正当等,就是遵循大道。《周易·乾》最早提出"刚"和"正"文化的融合:"大哉乾乎,刚健中正,纯粹精也。"所谓刚健而中正,即刚健而不过刚、不妄行、不走极端,能够坚持原则,以"中正"的态度来立身行事。从这种精神出发,古人阐发出忧患思想,后来发展成为忧国忧民、匹夫有责的勇于担当的精神。

千年来，刚正文化的民族精神不仅贯穿于古代经典之中，也流淌在中华民族子子孙孙为家国、民族兴旺而生生不已的奋斗精神当中。

在中国古代哲学中，儒家宣扬"刚健自强"，道家则崇尚"以柔克刚"，这构成中国文化思想的两个方面。儒家学说在中国传统文化思想中长期占有主导的地位，其刚健自强的思想可以说是中国文化思想的主旋律。孔子提出"刚、毅、木、讷近仁"（《论语·子路》），始有崇尚"刚健"的倾向。孟子提出"富贵不能淫，贫贱不能移，威武不能屈"（《孟子·滕文公下》），反对"以顺为正"，倡导大丈夫独立不改的理想人格——"居天下之广居，立天下之正位，行天下之大道。得志，与民由之；不得志，独行其道"（《孟子·滕文公下》）。《易传》开篇中的一句话"天行健，君子以自强不息"，强调君子应该体现自然之"刚健"的本性。明清之际，王夫之重新阐释"刚健自强"思想，认为"圣人尽人道而合天德。合天德者，健以存生之理；尽人道者，动以顺生之几"（《周易外传》卷二），把"动""健"作为圣人品格的基本规范；又以为"惟君子积刚以固其德，而不懈于动"。

刚健自强的思想不仅教育、激励历史上的仁人志士奋发上进，改造自然与社会，完善个体道德品格，而且构成我国传统文化中极富活力的积极成分。历史上，许多仁人志士以刚正的精神成为后代的精神典范。例如，屈原"信而见疑，忠而被谤"，在悲愤中仍然心系国事，"虽九死其犹未悔"；著名史学家、文学家司马迁"常思奋不顾身，而殉国家之急"；北宋政治家、文学家范仲淹的千古名句"先天下之忧而忧，后天下之乐而乐"；陆游的"位卑未敢忘忧国"；顾炎武的"国家兴亡，匹夫有责"，都不断地阐释着这种忧国忧民的刚正精神。

被誉为"开眼看世界第一人"的林则徐，不畏强权，虎门销烟，壮我国威，"苟利国家生死以，岂因祸福避趋之"。而对于西方的文化、科技和贸易，他却持开放态度，主张学其优而用之。其主持编译的《四洲志》，对晚清的洋务运动乃至日本的明治维新都具有启发作用。晚清"中兴第一名臣"曾国藩也是身体力行，他提出"盖士人读书，第一要有志，第二要有识，第三要有恒。有志则断不甘为下流；有识则知学问无尽，不敢以一得自足……有恒则断无不成之事"，从三个方面体现了刚正文化中的责任担当、人文积淀、人文情怀、健全人格等素养。

作为中国近代思想家、政治家、教育家，梁启超面对中国遭受帝国主义野蛮蹂躏的严峻形势，走上一条坎坷曲折的救国救民的道路，充分体现了忧国忧民的刚正风范。以鲁迅为代表的现代作家，将这种情感表述为"寄意寒星荃不察，我以我血荐轩辕""横眉冷对千夫指，俯首甘为孺子牛"。

历史发展到当代，涌现的无数英杰，在各个领域焕发异彩。例如，让我国以不到世界百分之十的耕地养活了占世界百分之二十多的人口的"杂交水稻之父"袁隆平；默默耕耘，在艰难的条件下创造世界一流成果而摘得诺贝尔奖的"三无"科学家屠呦呦；在非典疫情中，以钟南山为代表的凭借大无畏之勇气抗击在一线的医生及护士；让每一个中国人都自豪的神舟系列载人航天飞船上以杨利伟为代表的航天员……他们的身上无不体现了中国传统文化中的刚正精神内核。

如果用今天的话来概括刚正文化精神，那就是：达观人世，以天下之兴亡为己任；自尊、自信、自立、自强；不畏困难与挫折，勇于创新；积极主动进取，富有独立人格精神；胸怀坦荡、品行端正、刚直不阿；爱国爱民，有崇高的人生追求。

（二）刚正文化的地域渊源

刚正文化作为大岗中学精神内核与原力，与学校独特的地理位置及深厚的历史背景紧密交织，共同铸就了大岗中学独特的文化底蕴与精神风貌。

学校所在地大岗镇位于南沙区西北部，虽然镇域地貌为典型的珠三角冲积平原，但正如其地名，大岗镇的不少地方山峦连绵，山岗众多且范围大，这是千万年前地壳变动，因海平面上升而形成的丘陵。大岗镇周边有十八罗汉山，古称狮子山，是南沙少有的一片森林丘地。公元前202年，项羽自刎于乌江后，刘邦极力招降项羽的部下。早前投奔于项羽的陈胜、吴广旧部将领誓死不降，便逃亡南粤。传说其旧部中18名将领南逃到狮子山下，因前有无边无际的狮子洋，后有紧跟不舍的追兵，情急之下便攀上了狮子山顶，从此隐居在山顶上的岩洞里修炼，后来经过观世音菩萨的点化，得道成了"十八罗汉"。相传，山上18块一字排开的大石就是此"十八罗汉"的化身，狮子山也因此而改名为"十八罗汉山"。这种宁折不弯的义胆刚肠和后来采石先民们坚毅不屈的性格，对大岗民风的形成有着深远的影响，成为一种具有地域特色的文化积淀。

大岗镇地理位置优越，地处珠江下游，沙田广袤，人烟稠密，河道纵横交织，背山面海，特产丰富，商业发达。由于人口高度集中，大岗镇的工业、商业非常兴旺，文化教育事业也日益进步，是禺南工商业、文化教育、交通的重要枢纽。2002年，大岗镇成为广东省第一批中心镇，后又成为正在开发中的南沙港的最重要的走廊，是承托"大南沙"发展的一个重要基点。大岗镇的地理位置连通四面、通向八方，无论是陆路通道，还是外运远洋，都促就了大岗镇心怀开阔的大气之风。

大岗镇刚正稳健的文化在漫长的历史中沉淀，又随着时代不断丰富发展。近年来，大岗镇人民依然保持着祖先采石时代的行为习惯和价值追求，凭借刚毅正直的人生态度和自强不息的奋斗精神，刻苦耐劳，兢兢业业，成就了大岗镇的辉煌。目前，大岗镇被省政府定为首批中心镇，还被各级政府或权威机构授予"广东省教育强镇""联合国开发计划署试点城镇""第二批全国发展改革试点小城镇""广东省首批宜居城镇"等称号。大岗镇的产业基础坚实，初步形成造船、金属机械、机电产品和实木家具等四大产业，还成了岭南文化旅游区和都市型现代农业区。

此外，近年来，大岗镇有潭州、灵山两镇并入和大量的外来人口进入，在不同文化的融合过程中，不同形态的文化或文化特质之间的相互结合、相互吸收，形成互相包容、和谐的融合文化。

大岗镇独特的地理位置孕育了浓郁的刚正民风，而当代大岗人刻苦耐劳、敢于争先的向上文化，以及来自不同地域居民的文化的融合，都对大岗中学的发展产生了重要而深远的影响。

四、刚正教育的校情分析

学校特色发展是一个通过不断适应内部和外部变化，调整改革自身的教育教学并促进文化形成的过程。这种发展是建立在对学校过去、现在和未来的深入思考、挖掘的基础上的。大岗中学历史悠久，学校文化的校本化特征显著，在不断传承和丰富中，养成了特有的刚正气质。1956年，秉承着祖辈"工匠精神"的大岗人，在大岗这片土地上"筚路蓝缕以启山林"，创办了大岗中学，开始了积淀大岗文化绿洲的艰辛历程。尽管一开始困难重重，但是前辈们秉承教育的本质理念，精心耕耘，兢兢业业，一批批栋梁之材从这里走了出去。从创办学校的那一刻开始，大岗中学就意气风发，踌躇满志，志在成为一所优秀的学校，为社会和国家培养更多优秀的人才。

1980年，趁着改革开放的春风，学校迁址扩校。学校现址为大岗镇越山路，毗邻广珠公路，交通便利。学校占地面积60708平方米，相当于8个足球场，建筑面积40883平方米。校舍依山而建，校园布局合理、风景秀丽、绿树成荫、环境幽雅，是广东省一级学校、广东省绿色学校。学校建成了覆盖全校的校园网，建有高标准的塑胶跑道、人造草坪足球场和游泳场。办公楼、教学楼、实验楼、艺术楼、图书馆、体育馆、学生宿舍、教师宿舍以及师生饭堂等错落有致，电脑室、语音室、综合电教室、理科实验室、模拟生态标本室、历史室、地理园、生物园、舞蹈室、美术室、音乐室、科技教育综合室、模拟驾驶室、创新实验室和闭路电视系统等现代化专用室场设施一应俱全。

随后数年,为了谋求更好的发展,大岗中学进行了大规模的扩建工作,目前已经成为一所初具规模的完全中学。随着教学条件的不断改善和教育质量的不断提高,学校的美誉度也不断得到提升。大岗中学被评为广东省普通高中教学水平优秀学校,是中国科学技术馆"科学馆里的科学课"全国示范校、广东省绿色学校、广东省青少年科技教育基地、广东省高中通用技术学科研修基地(广州基地)学校、广东省青少年科学调查体验活动学校、广东省科普旅游联盟会员单位、广东省教育信息化教学创新实践共同体"红棉创客教育4C模式实践共同体"项目校、广州市安全文明校园、广州市科技教育项目学校、广州市中小学综合实践活动学科学校特色发展研究基地、广州市中小学深入推进STEM课程实施试点学校、广州市人工智能实验校、广州市中医药文化进校园试点学校、广州市第四批科学技术普及基地、广州市科普联盟成员单位、广州科普游自由行项目承担单位、广州市科普资源发展促进会会员单位、广州市气象科普教育联盟成员校、南沙区基础教育课程改革实验学校、南沙区学科研训基地、南沙区教育信息化应用项目实验校、南沙区法治学校,以及南沙区中小学校创建体育、艺术、科技教育特色项目工作实验学校。

近年来,学校以创建广州示范高中为契机,深化高中课程改革,秉承"成就师生有为人生"的教育理想,确立了以"刚正"为核心的学校文化。学校秉承"成就师生有为人生"的教育理想和"让师生站上成长高地"的办学理念,在实施国家课程之外,大力开展个性化的特色教育活动。近年来,在广州市教育局有关大力开展高中特色课程建设精神的指导下,学校加快了特色课程建设的步伐,形成了刚正教育特色课程体系,以特色课程培育开展个性化教育活动,并通过课程建设推动了学校的特色化办学。2016年9月,刚正教育课程获广州市普通高中特色课程重点立项;2016年12月,大岗中学(初中部)被认定为广州市义务教育特色学校;2018年,被认定为广东省青少年科技教育基地;2021年,被评为广东省新一轮绿色学校、广州市人工智能实验校;2022年,被认定为广东省高中通用技术学科研修基地(广州基地)学校、中国科学技术馆"科学馆里的科学课"全国示范校。

特色办学是对教育"以人为本"理念的确认和回归。大岗中学的刚正教育特色,不仅梳理出学校特色发展的图景,也回答了薄弱学校能不能特色发展的问题,向有志于特色办学的学校提供了思考方向与行动指南。从建校至今,大岗中学已有60多年历史。半个多世纪的沉浮与变化,半个多世纪的坚守与努力，大岗中学始终坚守最初的高远志向，一如既往地朝着自己的"有为"理想奋进。

第二节　刚正教育的特色构建

一所学校实现理念引领、文化创建、课程教学、教师教研的有机统一是由教育管理走向品牌经营的必由之路。为响应南沙国家级新区及广东自贸试验区南沙片区教育发展的战略号召，大岗中学秉持"让师生站上成长高地"的办学理念，坚持以生为本，积极转变教育模式，将传统"课堂"革新为启迪思维的"学堂"，构建起科学有效的教学质量提升机制。同时，深入推动高中与初中阶段的课程改革，不断激发学校与师生的内在发展动力，促进学校和师生可持续发展。

一、刚正特色，锚定品牌定位

刚正的精神源远流长，刚正的传承蓬勃新生。从某种程度上来说，大岗中学不是刚正教育的发明者，而是刚正文化的继承者和刚正精神的实践者、探索者。大岗中学结合实际情况，确定了刚正教育这一特色定位。

（一）刚正教育源自对传统美德的崇尚

"刚正"一词指的是人的品格刚强正直。明代叶盛《水东日记·郑武安刚正》有云："武安侯郑亨守大同，年已七十馀，刚正有为，一志为国。"明代何良俊《四友斋丛说》亦云："公独奏请推举刚正有为、智识超卓大臣一员，巡抚云南。"从许多典籍上可见，刚正这一美德在我国传统文化中的崇高地位与获得的广泛赞誉。大岗中学十分推崇这种传统美德，因此将刚正教育作为培育学生优良品行的抓手，开辟一条与国家"立德树人"教育理念相契合的育人之道，致力于培养具有坚韧正直品质的有为栋梁。

（二）刚正教育是地域文化特征的反映

大岗的地名源于大岗先民在此进行的采石活动。古时候的大岗盛产红石，人们因采石而聚集于此。大岗的先民们凭借刚劲的体格、刚强的性格、刚毅的品格，自强不息开山劈石，终于开拓出一片生长和生活的空间。大岗先民们的行为和精神一代代传承下来，形成了当地的地域文化。这些文化特征，在大岗中学师生、家长中也产生了深远的影响。

（三）刚正教育是学校办学追求的写照

大岗中学坐落于金屏山高岗之上，周围是壮丽的十八罗汉山，与蔚然而深秀的"摩天岭"对峙。校园自低至高，顺山势延绵而上，长年汲取高岗之精华，因此学校办学形成了雷厉风行、追求实效的作风。

大岗中学原是一所农村中学，在办学过程中，师生们经历了许多艰辛和磨难，但凭着一股坚韧不拔的精神，筚路蓝缕，艰苦耕耘，终于获得了优异的办学成绩，曾在所在地域创造过办学辉煌。大岗中学在办学的过程中，根据国家提出的"立德树人"的要求和针对当前教育"重学业轻人格培养"的弊端，将培育刚毅正直学子作为学校教育的重点和办学特色，将培养学生的责任担当、人文积淀、人文情怀、健全人格等核心素养作为对学生的素质要求和导向。因此，学校以"刚毅正直，勤勉务实"作为校训，将"让师生站上成长的高地"作为办学的价值追求，开展了大量培育刚正学子的特色教育教学活动。

（四）刚正教育与学校特色活动相一致

大岗中学围绕刚正教育精心策划了一系列课程，彰显了学校致力于培养学生责任担当、人文积淀、人文情怀、健全人格等核心素养的要求和导向。学校不仅依托大岗丰富的人文历史资源，通过教育渗透与熏陶，潜移默化地影响学生成长；而且充分利用十八罗汉山森林公园中的宝贵教育资源，如广袤的植被、繁茂的花木及多样的禽鸟生态，长期组织学生参与或鼓励学生自发开展丰富多彩的特色活动，实现人文与自然的和谐共育。

二、文化建设，塑造品牌形象

校园文化是以育人为主要导向，以精神文化、环境文化、行为文化和制度文化建设等为主要内容，以校园精神、文明为主要特征的一种群体文化。只有在生动而富有特色的办学实践中生成的校园文化才具有内在的感召力和鲜活的生命力，才能内化为师生的个性气质和精神品格，才能转化为学校的核心竞争力和持续发展力，才能成为学校的旗帜和品牌。校园文化建设是一个综合性的系统工程，不仅须关注学生的学业成绩，更要注重学生的综合素质和全面发展。加强校园文化建设可以引导学生树立正确的世界观、人生观和价值观；同时，可以提升学校的知名度和美誉度，吸引更多的优秀师生加入学校大家庭。而师生在参与校园文化创建的过程中，可以感受到美的熏陶和艺术的感染，从而提升自身的审美能力和文化素养。

（一）精神文化

精神文化是学校发展的灵魂，它指导着学校的办学理念、发展方向和价值追求。通过明确精神文化，学校能够树立起独特的品牌形象和教育特色，从而在教育领域中脱颖而出。基于学校文化历史及人才培养目标，大岗中学打造了刚正教育办学特色，以办学理念为核心，从系统的角度审视我校的现实和发展的需要，形成了系列性的学校文化核心元素，提出了与办学特色和办学理念一脉相承的办学目标、育人目标和"一训三风"（图1-2）。

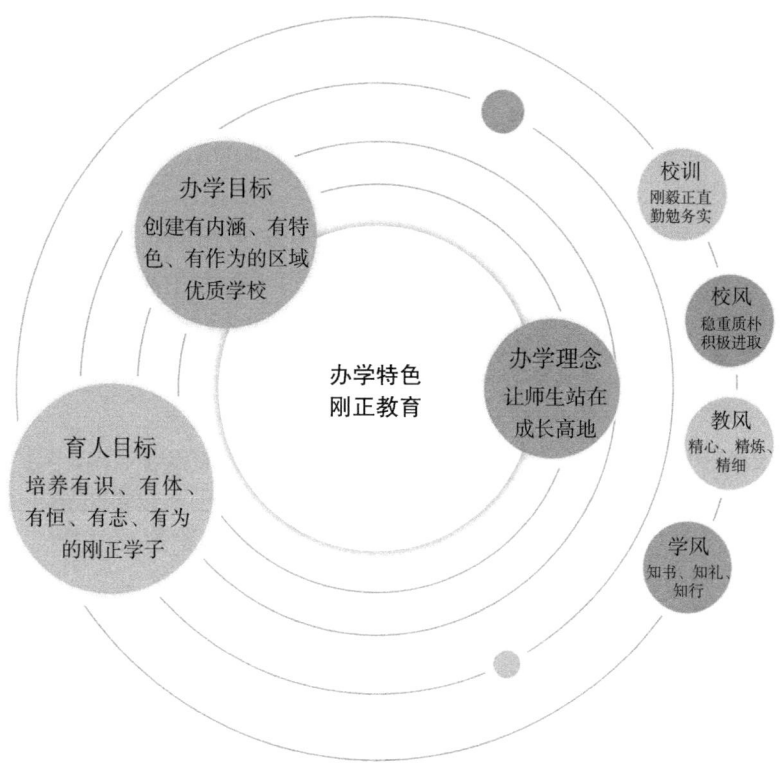

图1-2　大岗中学精神文化体系

1. 办学理念

学校的办学理念是精神文化的核心，它体现了学校的价值取向和教育追求。通过明确办学理念，可以引导师生树立正确的世界观、人生观和价值观。大岗中学自创办以来，一直坚持以育人为本，以科学的教育思想为指引，结合学校的办学历史、地域特点和名字特点等，并经过反复提炼和论证，形成了"让师生站上成长高地"的办学理念。

首先，学生是学校教育的中心，也是教育的目的；学生是学校教育的出发点，也是学校教育的归宿；学生是学校教育的基础，也是学校教育的根本。

其次，学校崇尚"教育即成长"的理论，把学校作为学生"成长"的重要阵地，"成长"的目标层次是"成人、成才、成功"，而"成人"是学校教育最基础且是最重要的。在这一基础上，学校要通过专业力量，把学生培养"成才"，成为有用之材，即做一个获得发展、有益于家庭、有益于社会的人；"成功"是我们对学生发展的最高期望目标，即成为对社会发展有特殊贡献的"成功"人士。

最后，"让师生站上成长高地"切实地反映了学校对育人和对办学价值的追求。在育人上，我们追求师生共同成长；在办学上，我们追求把学校办成一个育人"高地"，就像学校屹立在高岗一样，站得高、看得远、立得稳、扎得实，从而培养学生的责任担当、人文积淀、人文情怀、健全人格等核心素养，达成让学校成为一所"有内涵、有特色、有作为的区域优质学校"的办学目标。

2. 办学目标

学校以办一所"有内涵、有特色、有作为的区域优质学校"为目标，反映了我校发展的定位：注重积淀自身的文化底蕴，形成反映自身价值追求的办学思想；具有个性化、先进性的教育目标和教育内容；能够开拓进取、担当重任，成为区域教育发展的排头兵。

3. 育人目标

学校的育人目标参考历史名人曾国藩所说的"盖士人读书，第一要有志，第二要有识，第三要有恒。有志则断不甘为下流；有识则知学问无尽，不敢以一得自足……有恒则断无不成之事"，将之确定为"五有"即"有识、有体、有恒、有志、有为"。其中，"有识"指有学识和见识；"有体"指行为端正，谈吐得体；"有恒"指坚韧不拔，持之以恒；"有志"指有努力方向、远大抱负；"有为"指做出成绩，奋发有为。这"五有"从不同层面和角度，体现了学校对学生的责任担当、人文积淀、人文情怀、健全人格等核心素养的要求。基于育人目标，学校逐步形成有利于学生自主发展的、符合学校实际情况的课程结构框架，鼓励教师依据学校特点、学生实际开发开设特色选修课程。

4. "一训三风"

"一训三风"对于发扬学校的优良传统、促进学校各项工作的持续稳定发展、增强师生的向心力和凝聚力具有重要意义。通过深入理解和加强"一训三风"建设，可以激发师生奋发向上的热情和勇气，形成良好的育人环境。

校训是学校的核心教育理念和办学目标的体现，它引导着学校的发展方向，规范着师生的行为准则。大岗中学的校训是"刚毅正直，勤勉务实"，要求全体师生要为人刚毅正直，奋发有为；要努力不懈，脚踏实地。"刚毅正直"是人性格中最宝贵的核心部分。在人成长发展的历程中，这种性格特质将产生决定性的作用。"刚毅"意为刚强坚毅，被当代教育推崇为人获得成功的关键要素，它指对目标的不懈追求和专注投入，是一种包含了自我激励、自我约束和自我调整的性格特征。"正直"就是坚持正道，是做人方面最受推崇的"普世价值"之一。"勤勉"的"勤"即勤奋、勤恳、勤苦；"勉"指的是不懈，就是勉励学生要树立远大理想，要有进取上进之心，不断努力，勇于创新，大胆实践，超越自我。"务实"则是讲究实际、实事求是。

《论语·颜渊》有言："君子之德风，小人之德草，草上之风必偃。"这句话是说道德、文教、良好的风气对人的影响。学校的校风、教风、学风是反映学校文化的核心元素，也是师生的价值追求和行为准则。习近平总书记曾指出："好的校风和学风，能够为学生学习成长营造好气候，创造好生态，思想政治工作就能润物无声给学生以人生启迪、智慧光芒、精神力量。"

校风是学校精神风貌的集中体现。大岗中学的校风是"稳重质朴、积极进取"。"稳重"指秉节持重，保持节操；"质朴"指平实朴素；"积极进取"就是以积极主动的态度、科学严谨的方法、团结协作的精神，追求工作的高效率、高效益。

教风是教师教育教学的风格和特点。大岗中学的教风是"精心、精炼、精细"，"精心"指用心、专心、诚心；"精炼"指教学简练、扼要；"精细"指做事精密细致。

学风是学生在学习过程中形成的学习态度和方法。大岗中学的学风是"知书、知礼、知行"，"知书"指懂学习；"知礼"指懂礼貌；"知行"指知行合一，就是实践和认识要统一，用实践促进认识，认识又反作用于实践。

（二）环境文明

校园环境具有育人功能。校园环境对学生的成长和发展有着深远的影响，这种影响是潜移默化且持久的。大岗中学结合刚正教育特色建设，优化校园环境，精心布置校园的人文景观，匠心独运地打造出"一步一景"的校园风光，不仅让环境优美如画，更赋予其鲜明的特色文化气息，使校园成为一处集美观与深意并存的育人胜地。

1. 环境建设

学校合理运用自筹资金改造校园环境，加强特色学校的校园文化宣传。

学校的主色调为红色，红色代表刚强、坚毅和方正，与学校特色主题相符合。校门线条简洁，门柱厚实，呈现出一种稳健有力的风格，较好地体现了刚正教育的内涵。

学校的四条主要道路命名分别为笃学路、至善路、诗书路、健体路，让人闻其名而知其意，引导学生对学校文化形成认同。沿着校门到教学楼的主校道笃学路绵延而上，可以看到学校利用道路左侧的坡地建成长达几十米的浮雕墙"华夏五千年"（图1-3），以此反映我国历史上的一些重大事件，弘扬中华民族的刚正之气。

图1-3 "华夏五千年"浮雕墙

围绕办学特色，学校为主要建筑物起了富有文化意蕴的名字，如办公楼为厚德楼，艺术楼为弘毅楼，图书馆为尚书楼，教学楼为有成楼和有为楼，实验楼为智仁楼，体育馆为健体楼，学生宿舍为德邻楼、择善楼和敏行楼。学校的教学楼呈南北走向，楼体主体色调为赭红色，具有庄重、大气之感。

教学楼的墙壁上有"岭南名人堂"等宣传装饰（图1-4），教学架空层有学生参与综合实践活动、科技创新活动的照片，展示着学生的风采。校内还有科技长廊、科普宣传长廊、教学长廊、生物与环境宣传长廊、科技活动宣传栏、综合实践活动宣传栏。

图1-4 岭南名人堂

校史展览厅是学校开展教育活动的重点场所之一（图1-5）。无论是珍贵的实物展品还是发黄的照片，无不见证着大岗中学发展的历程，同时也是对外宣传学校教育成果的一扇窗口。

图1-5　校史展览厅

学校加快建设创新实验室的步伐，建成科技室（图1-6）、模拟驾驶室（图1-7）、物理探究室、化学实验室、模拟生态标本室（图1-8）、历史室（图1-9）；优化音乐室、舞蹈房等专用教室建设配置，满足师生教学的需求……这

图1-6　新颖有趣的科技室

图1-7　最受欢迎的模拟驾驶室

图1-8　栩栩如生的模拟生态标本室

图1-9　古朴典雅的历史室

些都成为特色课程实施的活动室。此外，学校是广州市的一级地震监测点，师生长期利用这一监测点开展地理知识普及与探究活动。

2.文化标识

校徽是凸显学校教育主题的文化标识。大岗中学的校徽以"山"和"冈"组成"岗"字。"岗"形似一个"鼎"字，形意为成宝鼎，成大器之意；也形似一个稳重的"人"，形意为"刚健、刚强、刚正"的顶天立地充满活力之人。白色的圆环，寓意师生在广阔的天地、整洁的校园自由生活，宁静舒心；蓝色的圆环，寓意学校富有生命力；数字"1956"是学校的创校年份；外环的中文和英文为校名（图1-10）。

图1-10 校徽

大岗中学的校歌歌名为"生命成长"，体现了学校对学生成人、成长、成才的要求，同时体现了"让师生站上成长高地"的办学理念（图1-11）。校歌以"生命成长"为主题，歌词中的"刚毅正直，知书识礼""老师恩深似海""同窗友情难忘"等，体现了学校"刚毅正直，勤勉务实"的校训和"知书、知礼、知行"的学风，进而体现刚正教育的特色。校歌旋律轻快，抒情。"年少时光，青春绽放，学会不再蹉跎迷茫，我们勇敢去闯"，唱起来让人怀念校园生活，珍惜年少时光，珍重同学缘、恩师情。这首校歌既能引导学生当下要积极向上，又可以提醒学生"知道祖国的期盼"，实现中华民族伟大复兴的中国梦和自己的成才之梦。校歌包括纯音乐版、伴奏版、朗诵合唱版、男声合唱版和女声合唱版五个版本，丰富了它在学校中的运用。

生命成长

1=E $\frac{4}{4}$
充满向往地

曲：周曼茹
词：陆益彰

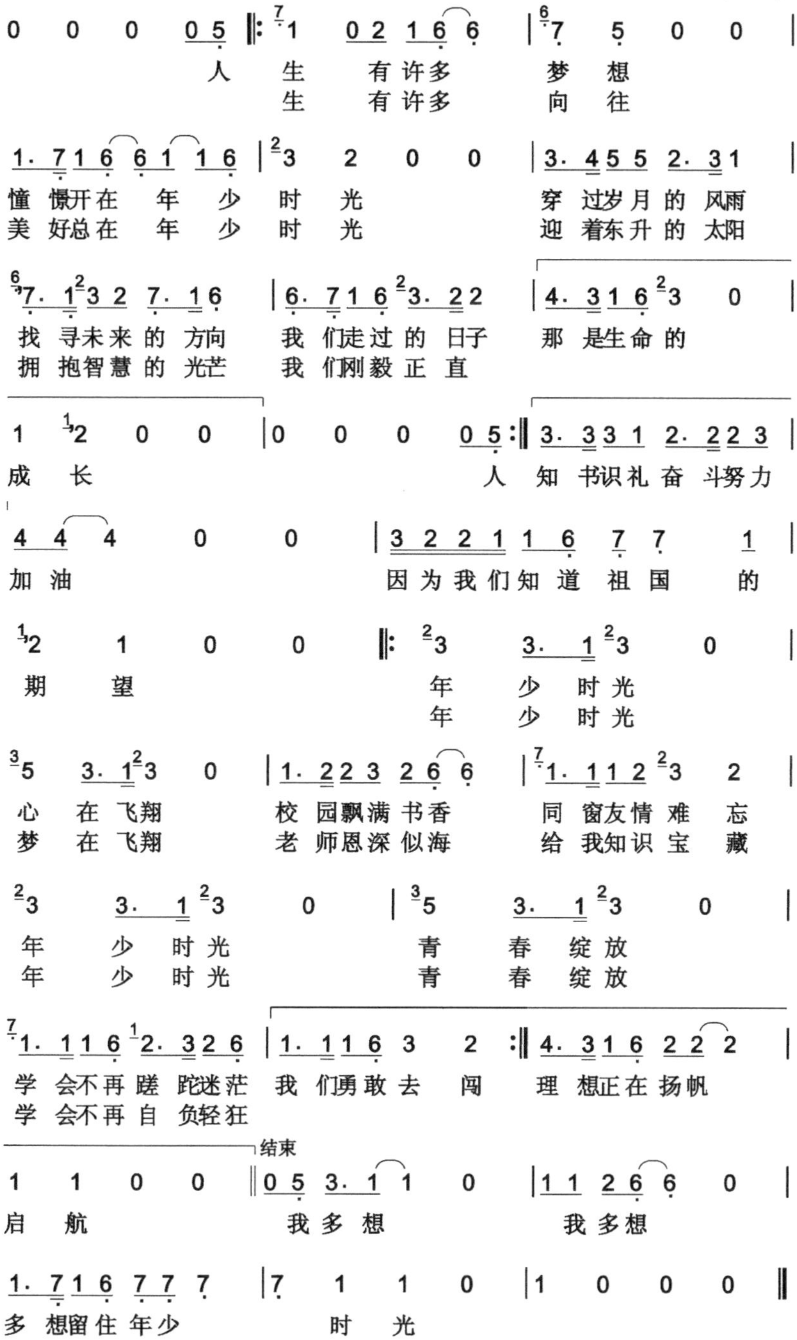

图1–11 大岗中学校歌

三、刚正特色课程，凸显品牌特色

课程是教育的心脏，是教育的基本问题，是学校文化、办学质量和办学特色的坚实基础和强大支撑。学生发展力、教师发展力、学校发展力均来源于学校的课程建设和改革。学校办学目标和育人目标的实现依赖校长和教师的课程领导力和建设力，将所有课程校本化以最大限度地适应和发展学生、适应经济社会发展需要是学校教育的研究课题。

课程建设是深化普通高中课程改革的重点。在落实国家课程计划的基础上，构建适合自己学校的课程体系，从而发展学校、发展教师，最终指向是促进学生的全面发展和个性发展。学校的课程方案必须依据《普通高中课程方案和语文等学科课程标准》和立足学校实际而制定，这是课程开发、教材选用、课程安排、课程实施、课程评价和管理的基本准则。大岗中学依据国家教育方针政策，构建适合本校的融合国家、地方、校本三级显性课程与学校隐性课程为一体的完整课程体系。对于大岗中学而言，加强课程建设，构建刚正思想于引领的特色课程体系，是转变育人模式、推进学校优质特色发展的主要途径，这对于促进学生的个性发展、拓展学生发展的空间、彰显办学特色具有重大的意义。

（一）课程目标

刚正教育校本课程的育人目标是：培养"有识、有体、有恒、有志、有为"的刚正学子。"有识"指有学识和见识；"有体"指行为端正，谈吐得体；"有恒"指坚韧不拔，持之以恒；"有志"指有努力方向和远大抱负；"有为"指做出成绩，奋发有为。这"五有"也从不同层面和角度，体现了学校对学生的责任担当、科学精神、人文情怀、健全人格等核心素养的要求。树立"五有"的育人目标旨在激励和促进学生正确认识自我，形成健康的人生观和价值观，培养学生的思维能力、创新能力和实践能力，让学生具备自主能力、学习潜力、个性活力，使其成为和谐发展、人格健全、个性张扬的阳光少年，适应未来学习生活的需要。

（二）课程理念

刚正教育校本课程以"刚毅正直成就有为人生"为理念。"刚毅正直"是"有为人生"的必备条件。我们认为，"刚毅正直"在人生发展的历程中将产生决定性的作用。"有为人生"指有自己正确的人生目标，能利用个人的力量对社会作出奉献。根据学校刚正教育的办学思想所建立的课程理念，有效地引领特色课程的建设与发展。

（三）课程原则

刚正教育校本课程的原则主要有以下五个方面。

第一，主体性。立足以生为本的原则，认可并尊重每位学生的差异性，满足他们的学习需求，精心设计与实施课程。课程设置力求彰显学生的个性化特征，循序渐进地构建出富有特色的校本课程体系，以促进每位学生的全面发展与潜能释放。

第二，整体性。各类课程的开发应当紧密围绕既定的"课程目标"这一主轴，相互关联、相辅相成，共同构成一个有机统一、协调发展的整体体系。这样的设计确保了教育内容的连贯性和一致性，有助于促进学生综合素养的全面提升。

第三，多元性。课程的多元性应当契合学生个性，满足学生的多样化需求。这体现在四个方面：一是课程科目设置多元性，涵盖广泛的知识领域；二是课程类型多元性，既有必修课程保障基础，又有选修课程拓宽视野；三是课程教学模式多元性，融合主题式、项目式、跨学科等多种方法，激发学生的主动学习与实践能力；四是课程周期多元性，从短期到长期系统的教学周期，乃至不定期的专题讲座、特色课程，确保学习节奏与学生发展需求的契合。

第四，丰富性。这指的是课程对现实社会生活的覆盖面。林语堂先生曾说过："学校应如同一片森林，学生应犹如猴子一般在其间自由跳跃，任意摘吃各种营养丰富的坚果。"这一比喻生动诠释了课程丰富性的重要价值，即为学生提供一个广阔而多彩的学习环境，促进他们的全面发展与个性成长。

第五，民主性。首先，在教学方式的深刻转变上，学校倡导"自助餐式"的教学模式，为学生提供更加丰富多元的学习选择，让学生都能根据自己的兴趣、能力和学习节奏，自主选择适合自己的"菜肴"。其次，在教学内容上，学校能够广泛吸纳学生、教师、家长等多方意见，增强课程的针对性和实效性。最后，在教学实践上，学校鼓励开放的思维方式和创新的教学实践，提供多样化的学习资源和活动。

（四）课程结构

为构建"五育"融合、"五育并举"的刚正教育校本课程体系，学校打破传统学科界限，将德育、智育、体育、美育和劳动教育有机融入各门课程。结合育人目标，学校构建了刚正教育五大特色课程——尚德课程、博学课程、勤勉课程、雅美课程、健体课程（图1-12）。并且，在构建特色课程时注重课程的多样性和综合性，开设相关课程和活动，确保学生能够全面接受教育。比如，开发劳动实践课程和科技科普课程等，让学生在实践中体验劳动的艰辛与乐趣，培养学生的科学素养和创新精神。

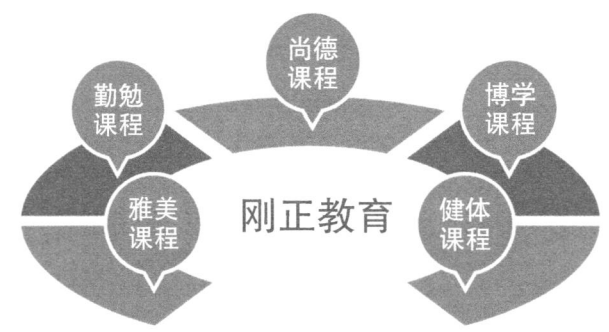

图1-12　刚正教育五大特色课程

1. 尚德课程

当前复杂多变的社会、政治与文化环境，给德育工作带来了新的冲击与思考。环境的变化对德育工作的导向与实效产生了显著影响，促使我们进行更为全面和深入的思考与调整。

一是经济环境变化带来的影响。商品经济与市场经济的蓬勃发展，既为学生提供了开放、多元的成长环境，促进了其创新思维与实践能力的发展，也带来了如功利主义等负面价值观的冲击。因此，学校德育需坚定社会主义办学方向，强化集体主义、爱国主义、法治观念及行为规范教育，确保学生在经济浪潮中不迷失方向，树立正确的世界观、人生观、价值观，树立报效国家的崇高理想。

二是政治环境变化带来的影响。随着政治生活的日益完善，教育领域内学生的民主意识、参与意识显著增强。这要求德育工作必须紧跟时代步伐，鼓励学生积极参与社会实践，培养其公民责任感与使命感，同时引导学生正确理解和参与政治生活，形成健康向上的政治观念。

三是文化环境变化带来的影响。当前，社会文化环境是丰富的、多元的、复杂的。探求学生道德成长与文化环境的本质联系，给他们以正确的价值观，引导学生做出正确的道德选择，成为德育工作的重要任务。通过弘扬中华优秀传统文化、培育社会主义核心价值观等途径，增强学生的民族自信心和文化自信心，提升其综合素质，是德育工作的新课题。

习近平总书记说过："教师不能只做传授书本知识的教书匠，而要成为塑造学生品格、品行、品位的'大先生'。"教师教给学生的知识，多年以后可能会过时，被学生遗忘，但教给学生为人处世的道理是学生一生的财富。教师要成为学生做人的镜子，以身作则、率先垂范，教师只有以模范的言行为学生树立榜样，才能把真善美的种子播撒到学生的心中。①德育是一个如环无端、环环相扣、有序完整、动态优化的价值链条，任何一个环节出现漏洞和破损，都会导致整个教育系统的低效、无效甚至负面化运行。因此，教师必须不断创新思路与方法，强化德育工作的针对性与实效性。

为了提高学生的综合素质，培养学生的个性特长，大岗中学开设了尚德课程。该课程涵盖爱国主义教育（升旗礼、国旗班）、国防教育（军训、国防教育讲座）、法治教育、学生干部培训、禁毒教育、诚信教育、感恩教育、暑假学生干部夏令营活动、公益服务活动、家庭教育、中华优秀传统文化教育等。

2. 博学课程

随着社会的快速发展与信息技术的加速更迭，社会对人才的需求已经不仅仅局限于某一专业领域的知识和技能。跨学科思维、创新意识、批判性思维、跨文化交流能力等成为学生综合能力的重要内容。为此，大岗中学开设博学课程，旨在通过多样化的课程内容，如文学、课本剧、数学思维、人工智能、STEM、生物、气象、创客活动等，激发学生的学习兴趣和好奇心，培养他们的批判性思维、创造性思维和解决问题的能力。这些课程不仅注重学科知识的传授，更强调跨学科的学习和综合能力的培养。

3. 健体课程

传统的体育教学内容选择面狭窄，缺乏运用现代体育教学手段与优秀的传统教法相结合的模式。不少学校开展体育教学只注重以"教师教，学生学"为主的传统教学形式，其方法单一，教法老化，未能激发学生学习的兴趣。内容贫乏、项目单调，使体育教学缺乏吸引力；教学方法也较为陈旧，缺少科学手段。中学生喜欢体育，但不喜欢体育课，更不喜欢竞技体育的教学方式和教学内容。

大岗中学开设的健体课程，旨在帮助学生掌握基础的身心健康知识和养成良好的体育锻炼、卫生习惯，让学生在各种活动和体验中发展自己的特长爱好，感受团队合作的乐趣，最终引领学生健康生活。该类课程包括足球、毽球、击剑、跑操、徒步等。

4. 雅美课程

当前，部分学校在美育方面面临着多方面的挑战，如对美育育人功能认识不到位、投入不足、师资短缺、课程单一等。在中学阶段，升学压力较大的学校往往将美育视为"副科"，将资源和精力集中在传统的主科教学上，忽视了

---

① 张志坤.建设政治过硬育人高超的教师队伍[N].光明日报，2018-12-20.

美育对学生全面发展不可或缺的作用，美育课程内容大多缺乏多样性和创新性，无法满足学生多样化的学习需求。大岗中学开设的雅美课程，旨在为学生搭建一个个性化的艺术学习与创作平台，让学生掌握各种富有表现力的艺术手段和方式，并能借助特殊的物质材料与工具，运用一定的艺术技巧，在精神与物质材料、心灵与审美对象的相互作用下进行创造性活动。该类课程包括绘画、书法、舞蹈、合唱、礼仪等，教学活动不仅仅局限于课堂教学，更注重学生的实践操作和创造性活动。

5.勤勉课程

生活的真正幸福来源于劳动。如何引导学生去劳动、承担相应的社会责任，如何教会学生在劳动之后去感受劳动成果带来的幸福感，让学生明白劳动创造美的道理，让学生的意志品质和价值观在劳动中得到培养？学校需要抓住"培养什么人、怎样培养人、为谁培养人"这一教育的根本问题，以课堂为切入点，开发具有学科特点和时代特点的精品课例。大岗中学的勤勉课程整合校内外资源，是贯穿学生学校、家庭生活的综合性活动体验课程。课程的设计以引导学生提升知识和习得能力为目的开展课程活动，课程内容包括厨艺、种植及其他学农项目、家政等。

（五）课程实施

1.课程实施实行完全学分制

学校要求学生在2年内修满必修课程96学分，应修选修课程超过48学分（其中知识拓展类选修课程学分不超过28学分），总学分达到144学分以上。

课程学分安排参照广东省教育部门的每周26小时的课时总量规定，根据学生需要和学校实际科学、合理地设置，全程安排学习时间和活动时间。

大岗中学凭借对选修课程以及必修课程中的综合实践活动课程的自主安排权限，积极拓展具有学校特色的课程实施范围。根据《广东省普通高中新课程实验学校教学管理意见（试行）》的要求，对选修课程中的"选修Ⅱ"（6学分108课时）、"体育与健康选修"（6学分108课时）和"综合实践活动"（18学分324课时）进行合理统筹，结合学校主题活动、团队活动、综合实践活动、德育工作和校外活动，扎实组织和推进课程的实施。将课程分为全体学生必须学习的必修内容和适应兴趣需要的选修内容。课时安排见表1-2。

表1-2 课时安排表

年级 课程模块	高一			高二			高三			学时合计
	刚正文化	刚正之道	刚正体验	刚正文化	刚正之道	刚正体验	刚正文化	刚正之道	刚正体验	
普修课程	60	30	30	30	60	30	20	20	40	320
选修课程	0	15	15	0	15	15	0	15	15	90
专修课程	420	12	72	420	10	74	420	8	76	1512

课时安排表说明：

第一，普修课程覆盖所有学生，为期15周每学期，通过"选修Ⅱ"与"体育健康选修"实施。

第二，针对有特殊需求的学生，选修课程在"刚正之道"与"刚正体验"模块增设适应性课程，并融入"选修Ⅱ"时段。

第三，专修课程专为专业班学生设计，日常安排每天2课时，周六增设4课时训练，总计每周14课时；加之暑假120课时与寒假30课时的集中研修，全年总计504课时。

第四，对国家规定的"综合实践活动课程"进行校本化改编，依托270学时的研究性学习时间，引导学生围绕特定主题深入开展探究性学习活动。

2.建立和完善与深化课程相适应的教学管理制度

教学管理制度包括课程开发、审定、开设和运行评价制度，学生选课、选修课教学管理和学业评价制度，教师教学管理和教学绩效考核制度，教师参与选修课程建设和校本研修管理制度，课程资源的开发与共享制度，校外选修课程的利用与学生管理制度等。

以开发与申报为例，学校的每位教师都有开发特色校本课程的义务。计划开设特色校本课程的相关教师要提前准备，根据学校和学生的实际以及自己的特长进行特色校本课程的开发与研究，编写校本教材。计划开设特色校本课程的教师要根据特色校本课程开发与实施领导小组的要求，按时开设特色校本课程，上报包括课程提纲、教案、教学计划等。开发内容要以地方的历史、文化、经济、社会、自然、环境等的研究为主。

3.课程设置

在纵向上，学校课程分为基础课程、特色课程和综合课程三个层级。基础课程（国家必修、校本限定选修、专题教育课程）面向全体学生，是每个学生必须研习的基础课程；"刚正文化、刚正之道、刚正体验"特色课程则面向全体学生开放，学生可根据自己的兴趣与特长自主选择部分课程进行分类学习，自主选择进行深造；综合课程（包括修身生涯规划、综合实践两门）主要提供给全体学生修习。

在横向上，学校不断开发和拓展课程资源，充分挖掘课程的资源优势，使之成为适合学生学习方式的学习内容。为教师的教学及研究提供更多的典型案例、辅助资料，使教师能科学、合理地使用教材，在教材的使用过程中对其适用性不断进行评析，为进一步完善教材提供依据。

（六）课程资源

1. 文本资源

大岗中学将校本教材作为特色课程的载体，注重将学校文化有机融于校本教材之中，既彰显了学校的独特魅力，也为学生提供了贴近实际、富含文化底蕴的学习资源。学校教师作为编写校本教材的核心力量，积极投入到课程建设中，将个人的教学智慧、实践经验以及对学校文化的深刻理解融入其中。这一过程不仅促进了教师团队的专业能力提升，更使他们在编写过程中对学校文化产生了更为深刻的认同感，增强了教师团队的凝聚力。

学校校本教材在课程实施中，展现出了多方面的积极作用。例如，刚正教育系列教材紧扣学校的教育主题，成为学生核心素养培育和学校文化认识的一个载体。其中，《刚健人格》旨在通过学习中国传统刚健人格美德，培养学生的刚毅正直的人格；《科学之真与刚健人生》旨在引导学生在探索真理的过程中形成勇于面对困难的信心和实事求是的科学态度；《南沙刚正的民俗文化》让学生加强对南沙区民俗的认识，了解南沙区人民的刚正之气，以传承优秀地方文化；《岭南文化名人录》让学生了解名人，感受他们的刚正风格，并能见贤思齐，提升个人素质（图1-13）。

图1-13　大岗中学校本教材

2. 人力资源

大岗中学拥有一支师德高、业务精、素质强的师资队伍。学校的特色课程实施由教导处统筹安排，组织人力实施。根据课程需要，学校配备经验丰富、特色鲜明、教学能力强的辅导教师，并通过特色课程的建设培养特色教师乃至品牌教师。实施团队成员包括省特级教师和语文、政治、历史、地理、数学、物理、化学、信息技术、生物等学科骨干教师，团队的知识结构和年龄结构合理，教师责任感强，团结协作精神好。

在特色课程建设过程中，学校注重借助大学、研究单位的专业力量，提升课程建设的质量，拓宽学生的视野。例如，聘请了华南师范大学、广东第二师范学院、广州大学、岭南师范学院、广东技术师范大学、广东省地震局、广东科学中心、广州青少年科技中心、原广州市教育科学研究所、陈李济中药博物馆等单位的专家学者给学生开设讲座或开展指导。此外，学校把握共建共育机会，与广州大学生命科学学院、广东第二师范学院、岭南师范学院、广东职业技术学院签署合作培养学生的协议，通过特色课程培养具有特定专业水平的刚正学子。

四、高效课堂，发展品牌竞争力

作为教育工作者，我们思考最多的问题就是：学生需要怎样的教育？

从教育的内容来看，偏重书本知识、专业技能和应试技巧的"传道授业"已经走进了死胡同；从教育的形势来看，教而后学、闭门造车（缺乏交流互动的封闭式个体学习）和纸上谈兵（缺乏足够的实践和应用经验）的"勤学苦练"也失去了生命力；从教育活动的参与者来说，教师希望教学能更加有效，学生希望学习能更加主动，家长则希望教育能更加全面。尤其是对中学生来说，他们正处在知识获取、兴趣培养和三观形成的关键时期，此时的教育经历和体验可能决定他们人生的目标和方向。因此，把中学教育局限在"知识教育"是远远不够的，着眼于全面培养、综合发展的"人生教育"才是正道。

在教育改革的大背景下，"五育并举"是重要的教育理念和实践方向。大岗中学一直以来秉持"刚毅正直，勤勉务实"的育人理念，致力于培养具有高尚品格和综合素质的学生。如何将"五育并举"的理念融入课堂教学，更好地促进学生的全面发展，是我们需要深入探讨的问题。为了实现这一目标，大岗中学结合"五育并举"的教育理念，从价值理念融合、教与学的融合、实践融通、评价导向等方面，探索"五育并举"融入课堂教学的路径。

（一）价值理念融合

一是弘扬刚毅正直品质。通过德育课程和多元活动，引导学生树立正确的价值观和道德观，培养他们刚毅正直的品质。同时，将刚毅正直的理念贯穿于各育之中，使学生在德、智、体、美、劳各方面的发展中都能体现出这一品质。

二是强调勤勉务实精神。在各育的教学中，注重培养学生的勤勉务实精神。鼓励学生勤奋学习、刻苦钻研，注重实践、注重实效，以实际行动践行勤勉务实的理念。

（二）教与学的融合

第一，创新教学方式方法。教师需要根据教学实际情况，采用多样化的教学方式和方法，如情境教学、项目式学习等，以激发学生的学习兴趣和积极性。同时，注重信息技术的应用，利用网络资源、多媒体教学等手段丰富教学内容和形式。

第二，关注学生个体差异。尊重学生的个性差异，采用个性化的教学策略，满足不同学生的需求。例如，根据学生年龄层次、知识水平层次的不同，设定不同层次的教学目标；采用差异化的评价方式，注重过程性评价和终结性评价相结合，更客观地对不同学生进行评价和指导。

第三，转变教师角色。教师应从传统的知识传授者转变为学生学习和发展的引导者和促进者。注重学生的主体地位，以学生为教学中心，根据学生的需求和特点来设计和实施教学活动。

（三）实践融通

第一，实践活动的设计和实施。结合学校的实际情况，开展多种形式的"刚正文化"和"五育并举"的实践活动。通过德育活动培养学生的道德品质，通过智育活动提高学生的知识水平，通过体育活动增强学生的身体素质，通过美育活动培养学生的审美能力，通过劳动教育培养学生的实践能力和创新精神。这些实践活动的设计和实施为学生的全面发展提供了有力支持。

第二，加强与社会的联系。学校加强与社会的联系，充分利用社会资源为学生提供实践机会和平台。与企业合作建立实践基地或实验室等，让学生在实践中学习和成长。

第三，开展特色教育。例如，劳动教育与"刚毅正直、勤勉务实"理念的融合：通过劳动实践培养学生的劳动技能和劳动精神，引导他们树立正确的劳动观念，以勤勉务实的态度参与劳动。在劳动中，学生亲身体验劳动的艰辛与乐趣，从而培养刚毅正直的品质。科技科普教育与"刚毅正直、勤勉务实"理念的融合：通过科技实践活动，学生能够接触到前沿的科学技术，从而激发他们的好奇心和求知欲。科技探索活动锻炼学生的动手能力和创新思维，同时培养学生勤勉务实的精神。此外，引导学生以科学的方法探索世界、追求真理，进一步塑造他们刚毅正直的品质。

（四）评价导向

第一，建立综合评价体系。贯彻落实《深化新时代教育评价改革总体方案》的精神，改进结果评价、强化过程评价、探索增值评价、健全综合评价。学校需要建立包括德、智、体、美、劳"五育"在内的综合评价体系，全面评价学生的发展状况，推动学生综合素质评价改革。注重过程性评价和终结性评价的结合，关注学生个体差异和全面发展。

第二，引入多元评价方式。采用多样化的评价方式，如自我评价、小组互评、实践评价、教师评价等，以全面、公正地评价学生的学习和发展状况。要注意的是，需要明确评价目标和标准，采用易于操作的评价工具，提高评价的便利性和实践性。同时，注重评价结果的反馈和应用，反馈内容应具体、明确，以便更好地指导学生的学习和发展。

在教育新时代，全面提升教育服务高质量发展的能力，需要紧抓课堂教学这一核心环节。将"五育并举"融入课堂教学，并通过优化课程、创新教学模式、完善教学评价与反馈机制及强化信息技术支撑等措施打造高效课堂，不断提高课堂教学质量。

五、刚正优师，激发品牌活力

大岗中学现有教师173人，其中具有研究生学历的教师26人、高级教师24人、全国模范教师1人、全国优秀教师1人、广东省特级教师1人、广东省优秀教师3人、广东省基础教育系统"百千万工程"省级培养对象2人、广州市中小学优秀校长培养对象1人、广州市名教师工作室主持人1人、广州市骨干教师9人、南沙区骨干教师9人、南沙区名班主任工作室主持人1人。

当前，学校管理工作存在的问题主要包括以下几点：一是教师队伍结构老化。截至2023年，学校教职工平均年龄近47岁，其中近5年退休的教职工有31人，40岁以下青年教师22人，40—50岁87人，50岁及以上48人，整体平均年龄偏大，缺乏活力。二是学校教师虽然整体上都团结进取、热爱教育事业，但是教学理念陈旧，缺乏专业化指导，工作任务重，缺乏时间进行教科研。究其原因，在于教师年龄结构不合理，缺乏新鲜血液；职业发展机会不足，激励机制不完善；专业化培训和支持不足。因此，学校需要解决教师队伍结构老化、教师专业化水平不足、教学任务繁重、教师职业倦怠等方面的挑战。通过提供专业培训、引进新的教育理念和方法、优化任务分配等措施，有助于促进学校发展，提升教育质量和教师工作积极性。

我们坚信学习、实践、反思、积累是教师成长的必由之路。学校的核心竞争力，并非源自单一的生源优势或物质条件，而是深植于教师团队对于学习价值的深刻理解、心智模式的持续优化及行为模式的不断创新之中。教师的差距不在于学历，而在于业余的学习差距。若教师未能觉醒自我发展的意识，缺乏内在驱动的力量，其成长之路必将遭遇难以逾越的瓶颈。那么，激发教师专业发展的强劲"油门"何在？我们的答案是：分享。分享是推动教师之间智慧碰撞、经验交流的宝贵契机。因此，学校应当积极构建多元化、多层次的自主学习、合作、交流、互助的专业成长平台，鼓励并促进教师们分享他们的教学心得、成功案例与实践智慧。在分享中，教师们相互学习，形成一种积极向上的学习生态，为学校的持续发展注入不竭的动力。

学校秉持"五育并举，全面发展"的教育思路，以刚正理念为引领，紧密围绕新课标所倡导的核心素养培养目标，开展一系列的德育、智育、体育、美育及劳动教育的实践活动。这些活动既注重学生知识与技能的提升，也强调情感态度、价值观及社会实践能力的全面培养，旨在促进学生"五育"之间的良性互动与和谐发展。通过课程与活动育人，探索并开辟一条师生共同成长、相互促进的路径。在育人过程中，教师作为引导者与同行者，不仅自身的专业素养与教学能力得到显著提升，更在与学生共同成长的旅程中收获了职业幸福感，从而激活了自身更多的教学改革内驱力，持续推进教学改革。

第二章
刚正课程，落实核心素养

第一节 有志：尚德课程

"人无德不立，国无德不兴。"唯有让"德"的种子深深植根于青少年的心田，方能确保个人与社会、国家携手并进，共创更加辉煌的未来。培育青少年的"德"，就是要让他们正直向上，以刚正的心去面对生活。自古以来，"刚正"便是我国传统文化中一种深受赞誉、备受推崇的优秀品格。大岗中学将刚正教育作为培育学生优良品行的一个抓手，开辟一条与国家所强调"立德树人"指导思想相吻合的育人途径。在刚正教育下，学校根据地域文化特征、办学历史、自身的办学追求和学生发展的需要，创设了弘扬学校文化、实现个性化育人目标的校本课程——尚德课程。学校在保证对学生进行基本思想政治观点、基本道德、基础文明行为教育，培养良好的思想品德和个性心理品质的基础上，努力构建具有刚正教育特色的德育校本课程，力求在德育校本课程认识上有所突破，在德育工作实践上有所创新，在德育工作实效上有所提高，全面推进学校德育工作的系列化、人本化、科学化、规范化、制度化，为学校的可持续发展奠定基础。

一、课程目标

"种树者必培其根，种德者必养其心。"中学教育应重视学生的道德发展，让学生的道德行为能够根植于明敏的心灵、无畏的勇气、坚强的毅力和热忱的信念。作为教育工作者，我们更应以心灵感受心灵，让学生在鲜活的心灵体验中感悟情感互动与升华，努力做好学生精神成长的引路人。多年来，大岗中学积极推行刚正教育特色课程，旨在培养学生的核心素养，帮助学生成长为正直而沉稳的人。

学校本着"让师生站上成长高地"的办学理念，实施尚德课程，注重培养学生的思想道德素质、科学人文素质及身心健康素质，不仅让学生学习知识和技能，更让学生体验到人生的价值、奋斗的意义，让他们成为未来社会中人格健全的合格公民。该课程旨在培养学生具备与刚正精神有关的四大核心能力：

自控力、耐受力、决断力、行动力。学生的能力表现在认知、情感、意志三个层面上。其中，认知层面上，掌握与刚正文化有关的基础知识；情感层面上，让学生在情感及心理上接受刚正，对刚正有为的历史与现实人物产生喜爱之情；意志层面上，让学生在活动中养成刚正的意志，做事不怕困难，矢志不移。

二、课程结构

刚正教育下的尚德课程总体分为三大板块，即认识刚正、体验刚正和历练刚正，其中认识刚正是基础，体验刚正是过渡，历练刚正是关键（图2-1）。

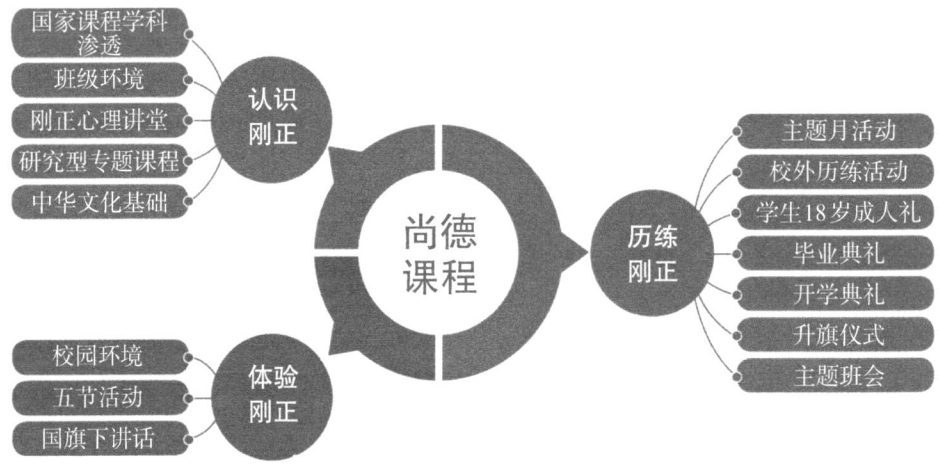

图2-1 尚德课程体系

针对不同板块的学习，有不同的课程规划和设置。

认识刚正课程，主要通过开设相关课程、编写相关教材、开展研究型专题课程及学科课程渗透等方式，为学生搭建起认识刚正精神的平台。针对不同学习阶段的学生，灵活调整课程形式，确保教学内容既符合学生的认知发展水平，又能有效促进他们对刚正精神的持续理解与内化。

体验刚正课程，旨在通过精心营造学校环境氛围，以及一系列主题节日活动——如文化节、体育节等主题性节日，丰富学生的校园生活，在无形中塑造他们扎实的知识基础、开阔的视野、端正的行为举止、优雅的谈吐风度。同时，刚正课程强调培养学生坚韧不拔的毅力、持之以恒的精神，激励他们树立明确的人生方向，怀抱远大的理想与抱负，成长为既有学识又具品德的新时代青年。

历练刚正课程，主要通过社会实践、社团活动、主题班会等形式加深学生对课程理念的理解，并将课程所倡导的个体素质，如坚韧不拔、正直无私等，转化为实际的学习能力和解决问题的能力。在这一过程中，学生不仅提升了知识水平和技能，更逐渐形成了较为完整、成熟的个性特征。

三、课程内容

在类型上，尚德课程包括学习课程、专题课程、环境课程、活动课程、社会实践。其中，学习课程包括中华文化基础课程、研究性学习课程、国家课程学科渗透、刚正心理讲堂等；专题课程包括名师、专家讲座、刚正论坛等；环境课程包括校园、班级环境布置，校园、班级文化创设等；活动课程包括艺术节、体育节、英语节、科技节、读书节、主题活动月、社团活动、升旗仪式、开学典礼、毕业典礼、重大节日庆祝会等；社会实践包括"毅行者"活动、社会调查、军训等。

在内容上，尚德课程包括道德品质与行为养成教育、创新实践教育、心理健康教育、社会实践教育等。例如，道德品质与行为养成教育强调社会主义核心价值观的培育，注重学生的日常行为规范；创新实践教育旨在培养学生的创新思维、动手能力、解决问题的能力以及跨学科的综合应用能力；心理健康教育关注学生的心理健康，提供心理健康教育与辅导，帮助学生认识自我、调节情绪、应对压力、改善人际关系，促进其心理健康发展；社会实践教育组织学生走出校园，参与社区服务、企业实习、文化交流等活动，增强学生的社会责任感、实践能力和综合素质。

以绿色教育课程为例。结合学校地处偏远农村，相对城市而言信息比较封闭，学生的环境保护意识较差，且社会活动少、交际能力弱等实际情况，大岗中学以绿色教育课程的开发为突破口，设计了一系列具有针对性的教育活动，以促进学生全面发展，提升他们的环保意识、社会参与度和人际交往能力。通过该课程的开发，提高教师的专业化素质，更大程度地满足社会、家长和学生的需要，尽可能地培养出有个性、有特色、学业有所长的未来人才。

绿色教育课程根据不同年级学生的认知规律和需要，分别开发不同层次的课程内容。课程的组织形式以活动形态为主，课堂交流为辅。同年级学生可打破班级界限，按照自愿组合原则进行选题学习，开展活动。实施课程的教师以各班班主任为主，学校根据需要统一安排全校人力物力资源。

绿色教育课程共分三大板块：第一板块为绿色人文篇。内容包括绿色常识、绿色人物、绿色事件、绿色机构和绿色行动等，通过课程学习使学生熟知家乡环境状况，能和家长、老师、同学等熟悉的人自由沟通。第二板块为绿色自然篇。内容包括绿色动物、绿色植物、绿色环境和绿色行动等，通过课程学习使学生了解国家的环境状况,掌握治理家乡环境污染的知识和方法,能和周围社会各界人士沟通交流(如村委会、企业人士等)。第三板块为绿色综合篇。内容包括衣食住行、工业农业交通和绿色行动等,通过课程学习使学生能带动家人、村民讲究卫生、保护环境,能独立完成一些学校、社会活动。

四、课程实施

(一)德育活动系列化

德育活动是学校开展素质教育的载体,通过其丰富多样的形式和内容,为学生提供了实践、体验和感悟的平台,对于促进学生素质的全面提升具有不可替代的作用。近五年,大岗中学深入探索和实践德育活动,使之呈现出内容丰富多彩、形式别开生面、效果突出明显的特点。然而,要使德育活动系列化、品牌化,还需要进一步细化构思、充实完善。

为此,学校以爱国主义和守纪爱校教育为主线,以培养学生创新素质为目标,积极开辟德育工作的有效渠道,以读书节、体育节、科技节、校园合唱系列活动、爱心活动等专题活动和各种类型的实践课为载体,建设优良的校园文化,陶冶学生情操,充分发挥学生的个性特长。同时,在原有的活动中筛选出一些设计好、成效佳、形式新颖的德育活动,如合唱系列活动、爱心活动等,最终形成学校的德育活动系列。

每个学年,学校德育处都会依托校园主题月活动,与德育处工作责任目标书上的活动相整合,统筹安排整个学年的德育活动,将德育活动系列化,形成德育主题周,平衡每周的活动类型与数量,使得活动更加突出德育主题的教育性。具体安排见表2-1。

表2-1 2016—2017学年德育工作安排

月份	专题	协同机构	活动范围
2—3月	"女生节"专题系列教育	德育处、团委、心理老师	非毕业年级
3月	法治与交通安全进校园、学雷锋活动	德育处、团委、美术科组	非毕业年级
4月	预防溺水宣传月、缅怀先烈爱国教育	德育处、各年级	全校
5月	"母亲节"专题感恩教育	德育处、团委、各年级	全校
5月	校园文明学生标兵及家长评选、五四教育	德育处、团委、各年级	全校

续表

月份	专题	协同机构	活动范围
6月	环境保护、垃圾分类系列教育、毕业礼	德育处、团委、各年级	全校
7月	假期生命安全宣传教育	德育处、各年级	全校
	暑假夏令营	德育处、团委、年级	非毕业年级
9月	新生年级军训、新生教育、入学仪式	德育处、团委、年级	初一年级、高一年级
	"教师节"专题感恩教育	德育处、团委	非毕业年级
10月	"国庆节"系列爱国主义教育	德育处、团委、语文科组	非毕业年级
	"十佳课室"评比、成人礼	德育处、团委、各年级	全校
11月	校园十星评选	德育处、各年级	全校
	学生才艺展示会	德育处、团委	非毕业年级
12月	校园十星分享会	德育处、团委、各年级	全校
1月	才艺展示会之元旦汇演	德育处、团委、各年级	全校
	寒假安全教育	德育处、团委、各年级	全校

（二）德育网络多元化

实施以人为本、以德为先的学校德育，我们应深刻洞察并尊重每一位学生的个性化需求，将促进学生身心的全面、健康、和谐发展视为教育的核心目标。为实现这一目标，我们需积极挖掘并整合多元化的德育资源，构建一个丰富、立体、多元的德育网络体系，旨在激发学生的内在学习动力与对德育课程的浓厚兴趣。通过创新教学方法与手段，在态度、情感、价值观、知识能力、行为习惯及意志力等多个维度上对学生进行综合培养，实现道德的全面整合与提升。这一过程强调学生的主体性，鼓励他们主动探索、自我反思，将德育内容内化为个人品质，外化为自觉行动。

1.加强家校合作，深化家长学校的德育功能

高中学生因学业繁重，家庭团聚时光显得尤为珍贵，故而对亲情的渴望尤为强烈，这自然凸显了亲情在德育工作中的独特而显著的作用。因此，学校发动班主任的力量，充分利用家长学校、家长会和家访等渠道，及时加强家校联系。例如，为促进学生与亲人之间的交流，组织开展亲子团聚活动；精心筹备

各年级家长会,将其打造成为既高效传递信息,又促进情感交流的双重平台。

经过多年的努力,大岗中学家校建设取得了显著的成绩。学校为加强家校建设,出台了下列几项举措:第一,发挥各级家长理事会的特殊作用,各级家长理事会积极主动地参与年级组的决策。第二,各级家长理事会加强与年级组教师的沟通,有效地促进教师的教育教学工作。第三,合理使用家长奖学助学基金,大力表彰学习好和表现好的学生,帮助家庭经济困难的学生。第四,各个年级通过组织多种形式的家长会,有计划地实施科学且高效的辅导课程,以提升家庭教育的质量,有效提高家教水平。第五,通过开展每年一次的"家长回校日"活动,加强家校联系、表彰先进家长和交流家教经验。第六,充分利用家长理事会的宝贵资源,拓宽家庭教育网络。通过以上举措,大岗中学家校建设逐步走向规范化和特色化。

2. 开发社区的德育资源,利用德育基地开展活动

德育不是空洞的说教,归根结底要落实到实践中来。开发社区的德育资源,利用德育基地开展活动,是推动学校德育从封闭向开放转型的关键举措。学校德育处、校团委每学期有计划地组织学生深入社区,参与多元化的实践活动,如义工助残传递温暖、敬老爱幼彰显孝道、环保清洁守护绿色家园、德育考察深化理论认知、利用德育基地资源进行教育等。这一系列活动旨在拓宽学生的社会视野,促进学生在道德情感上的自我反省与提升,从而显著增强德育工作的实效性。同时,这些活动也是向社会全面展示大岗学子积极向上、勇于担当的精神风貌的窗口。

3. 依靠信息技术,推进网络德育

网络信息的广泛和跨时空特点为学校德育工作提供了广阔的空间。网络信息的快捷性、即时性和互动性增强了德育的及时性、灵敏性、渗透性和趣味性。为此,大岗中学积极利用网络丰富的德育资源,增强德育工作的辐射力、说服力和感染力。学校要求每个班主任每学期最少用两节班会课进行网络文明的教育,引导学生了解校园内外、国际国内时事热点和有关德育题材的内容。

在网络信息迅猛发展的当下,学校德育工作需采取主动姿态,积极抢占网络教育阵地,构建坚固的防线以抵御不良信息的侵袭。同时,应加大对中华优秀传统文化的正面宣传力度,通过生动鲜活的方式向学生弘扬中华民族自强不息、吃苦耐劳、朴实善良等宝贵的品质与民族精神。这一举措旨在引导学生自觉成为中华优秀文化的传承者与发扬者,树立崇高的道德情操,完善个人道德人格,为未来成就高尚人生奠定坚实的道德基石。通过这样的努力,学校德育工作将在新时代背景下焕发新的活力,为学生的全面发展保驾护航。

（三）生态德育特色化

《关于进一步加强和改进未成年人思想道德建设的若干意见》指出，要"努力培育未成年人的劳动意识、创造意识、效率意识、环境意识和进取精神、科学精神以及民主法制观念"。为了增强德育工作的实效性，使德育工作在学校特色办学中发挥更大作用，大岗中学逐步构建起以生态道德教育为主导的生态德育模式。在培养学生形成正确的生态道德观念这一工作上，学校主要进行了以下方面的探索。

1. 内建外联，创建基地

生态德育基地是大岗中学开展环境教育的珍贵资源，同时也是大岗中学学生们最为喜爱的场所。目前，大岗中学建立起来的生态德育基地有：大岗公园塘风景区爱国主义教育基地、大岗镇十八罗汉山自然风景区、潭州仙庙自然风景区、学校后山绿色主题公园、大岗镇二街区少先队一条街、大岗镇街心公园共青团环保园地、大岗镇绿委苗圃场、大岗镇农科站科普及劳动实践基地、顺河村劳动实践基地等。

在基地里，学生可以观察苗木的生长情况，欣赏各色瓜果、花卉，了解蔬菜的生长过程、病虫害防治措施和采摘注意事项，还可以亲自参与农耕活动，如帮助蔬菜浇水、除草等。在这片充满生机的基地上，学生不仅学到了生态知识，更在实践中体会到了劳动的艰辛与价值，享受到了与自然和谐共处的无穷乐趣。

大岗中学在构建学校、家庭、社会"三结合"教育网络，不断拓宽德育渠道的过程中，与周边社区建立了良好的共建关系，在利用社会教育资源方面做了许多切实的工作。为了更好地开展生态德育，为学生接受生态德育提供理想的实践场所，大岗中学在社区的大力支持和帮助下，通过内建外联的方式逐步创建了一批具有生态德育功能的实践活动基地。

生态德育实践基地的建设，一是实现了生态德育由学校向社会的延伸，学校、家庭、社会"三结合"教育渠道进一步拓宽，社会教育资源得到更合理利用。二是学生通过参加生态德育基地的实践活动，开阔了视野，增长了见识，增强了生态道德意识。三是由于建立了多个生态德育实践基地，学校可以根据各年级实际情况，有计划地安排学生到基地活动，使全员培训成为可能。四是激发学生关爱环境的情感。安排学生到不同的实践基地活动，让他们有更多的机会亲近自然、了解社会，从而增强他们对自然环境和社会环境的关注之情。学校所选的生态德育基地一般都是自然环境保护得较好、生态特色鲜明的，所以它们与周边受污染的环境相比反差较大，这就会让学生认识到，不但要建设美好的生态校园，也要建设美好的生态社区，环保工作任重道远。

2. 加强学科课堂中环保知识的渗透

结合新课标的理念和要求，学校各学科在教学内容上融入生态、资源、环境等知识，将可持续发展的观点和要求贯穿于整个教育过程，使学生能够系统地获得生态环境的知识，形成正确的生态观念。

3. 生态体验，亲近自然

在全国教育科学"十五"规划重点课题——"生态体验培养健康人格的德育模式研究"首次学术研讨会上，与会专家将生态保护和德育结合，提出了"生态体验"这一德育理论。"生态体验"注重学生自己在生态活动实践体验中形成生态道德，让学生去亲近、欣赏、享受大自然的美好与和谐，学会感激、敬畏和尊重自然，学会与环境和谐相处，养成爱护环境的行为习惯。

学校要增强德育工作的实效性，提高德育工作的操作性，就必须变言语德育为行动德育，让学生在实践活动中多感受、多体验，从而养成良好的行为习惯。为此，大岗中学的生态德育十分注重学生的"生态体验"，为了让学生在实践中学习知识、增长才干、培养情感、形成良好的行为习惯，学校开展了开阔眼界的"毅行者"活动、建设环境的劳动实践活动、增长知识的科学实践活动和培养兴趣的环保竞赛活动。

第一，开阔眼界的"毅行者"活动。学校开展迎春徒步采风的"毅行者"活动已十年之久。"毅行者"活动于每年清明节左右进行，主要组织初一、初二年级全体学生徒步到周边农村去进行社会调查，同时能让学生饱览田园风光，培养学生热爱社会、关爱大自然的美好情感。此外，学校利用暑假，组织城镇部分初、高中学生到肇庆、增城等地开展"爱心考察"活动，利用山区独特的人文环境和自然风貌激发学生热爱祖国、保护环境的热情。

第二，建设环境的劳动实践活动。每学期，学校都会组织学生分期分批到大岗镇二街区少先队一条街、大岗镇街心公园共青团环保园地、大岗镇绿委苗圃场和顺河村劳动实践基地开展活动。学生通过参与环保宣传和参加生产劳动实践，亲身体验人与自然环境的密切关系，养成热爱劳动、爱护环境、建设环境的美好情操。

第三，增长知识的科学实践活动。学校生物、地理等学科组通过组织科学实践活动小组，让学生在活动中学习科学知识、培养科学精神和提高科学实践能力。例如，生物科学实践活动小组对大岗城区蝶类资源和区内污水问题的研究，让学生在增长了学科知识的同时，也增强了环保意识。

第四，培养兴趣的环保竞赛活动。通过开展常规性的环保系列活动，培养学生的环保兴趣，提高其对环保的认识。常规环保系列活动包括环保漫画比赛、环保小手工制作大赛、盆景展览比赛、插花比赛、"我为环保献一计"比赛、"环保小卫士"评比、环保志愿者活动等。此外，学校还利用中国植树节、世界环保日、世界地球日等主题节日，及时开展环保宣传教育活动。

4.环保宣传与班级文化

一方面，学校通过广播、校园网、墙报、橱窗和文化长廊等渠道，构建一个立体、生动的生态德育宣传体系，有效地促进了全校师生对生态环境保护的认识与行动。例如，通过每日的校园广播，学生在课间就能听到关于生态保护的温馨提醒与知识分享，让生态保护理念深入人心。校园网作为信息交流的重要平台，不仅负责发布最新的生态资讯，还开设了生态德育专栏，供师生深入探讨与学习。文化长廊通过展示生态主题的艺术作品、标语口号以及环保倡议，让学生在漫步长廊时，不经意间就能接受到生态德育的熏陶，进一步强化了他们的生态保护意识和责任感。

另一方面，学校致力于改善班级的生活环境，旨在创造一个既彰显人与自然和谐共存理念，又兼具知识性、教育意义及审美价值的班级氛围。各个班精心布置内部环境，确保环境既清新、洁净，又充满文化韵味和班级特色。墙上文化的展示不仅丰富了同学们的知识视野，还寓教于乐，传递了深刻的教育意义，同时满足了大家对于美的追求。在这样的班级环境中，学生之间形成了团结有礼、互敬互助、和睦相处的良好风气。愉悦的班级环境不仅促进了学习效率的提升，更在潜移默化中引导着学生树立正确的环保意识和责任感，对于形成良好的生态道德观念起到了积极的推动作用。

总的来说，生态德育模式的建立把生态德育纳入学校德育的轨道，使生态德育成为学生思想道德教育的重要内容。生态德育要求从人与自然和谐相处的生态道德出发，帮助学生树立对生态环境、自然资源、生物自然状态下生息繁衍的正确态度，引导学生自觉养成关爱生命、保护环境、珍惜并合理使用资源等良好的生态道德习惯。

（四）班级德育常态化

1.强化刚正意识教育

在班级教育中强化学生的刚正意识，就要培养学生自尊、自信、自律、自主以及刚正不阿的品格。为实现这一目标，学校需以正确的世界观、人生观、价值观为引领，构建以强烈责任感、精准文化判断力以及健康心理状态为核心的人格教育体系。在具体实践中，我们应积极推进"五个注重"的德育工作策略：一是注重构建促进学生思想道德持续发展的有效机制，为学生树立正确的道德观奠定坚实基础；二是注重营造高雅校园文化氛围，同时加强学生的人文素养培养，让优秀文化成为学生成长的沃土；三是注重学生自我教育、自我发展以及自我管理能力的提升，激发学生的内在潜能与自我驱动力；四是注重强化对学生的爱国主义、民族精神、社会公德以及生命健康的教育，培养学生的家国情怀与社会责任感；五是注重加强对学生遵纪守法的教育，引导学生成为遵守规则、维护秩序的公民。

2. 强化刚正意志教育

意志坚强的学生在遇到困难或挫折的时候，不会轻易地动摇、退缩、消沉，而是对追求的目标锲而不舍、始终如一，体现出顽强的耐力和坚忍的毅力，用自己的行动去诠释"败而不馁"的精神。当这些学生在学业或生活中取得成就时，他们不会沾沾自喜，更不会因此而盲目自大或迷失自我，而是选择继续以谦逊和努力的态度，用实际行动证明"胜而不骄"的品格。

坚韧的意志作为刚正人格教育不可或缺的一环，其培养与强化可通过体育课及体育锻炼活动实现。在体育锻炼活动中，学生能够深刻体会到坚韧的意志对于个人成长与成功的重要性，同时审视并认识到自己意志品质中的长处与不足。教师应有意识地引导学生克服犹豫不决、优柔寡断等不良意志倾向，通过持续的训练与挑战培养学生坚韧不拔的意志品质，提升其面对挫折时的心理韧性和自我恢复能力。此外，还应培养学生持之以恒、勇于进取的意志品质，使他们在追求目标的道路上，能够不断超越自我，最终实现刚正教育的深远目标。

3. 强化积极心态教育

《周易》有云："君子以独立不惧。"此语深刻揭示了刚正人格的核心特质——独立自主，勇于面对一切。然而，正如俗语所言："人生不如意事十常八九。"在学习与生活的旅途中，难免会遇到诸多不顺与挑战，这些不期而遇的负面事件，往往成为考验学生心理承受能力的试金石。刚正人格的教育，正是要引导学生在面对挫折与困境时，保持一种积极向上的心态，以乐观的态度寻求解决之道。面对艰难险阻时，不仅要有积极的心态，勇于直面困难，更要学会深入分析主客观因素，明晰问题所在，从而寻求有效的应对策略。

4. 强化人际和谐教育

和谐的人际交往不仅是构建刚正人格的基石之一，也是现代社会不可或缺的生活艺术。教育应当承担起培养学生掌握基本社交礼仪与高效人际处理技巧的重任，通过精心设计的训练方案，引导学生跨越自我设限，勇于敞开心扉，积极融入社交圈层。这要求他们学会换位思考，以心比心，秉持宽容与友爱的原则，从而有效化解人际隔阂，消除社交恐惧，共同迈向人际和谐的美好愿景。

因此，学校积极组织学生开展"和谐校园""和谐班级""和谐家庭"的精神文明创建活动，营造温馨和谐的校园环境，使学生关注人际关系，促成师生和谐共处、学生团结友爱、校园和谐、家庭和睦。通过组织班级、校内、校外各种类型的社交通信、联谊等活动，让学生在实践中逐步深化对人性的理解，学会严于律己、宽以待人的处世之道。在此过程中，对学生"同理心"的培养尤为关键，它促使学生学会站在他人的角度思考问题，成为善于体察他人情感、乐于助人、值得信赖的人。

5. 强化环境适应教育

学校持续深化环境适应教育体系，精准对接各年龄段学生差异化的心理适应需求。以初中为例，初一新生初入校园常伴随着一系列适应挑战，教师应成为他们坚实的后盾，通过细致入微的引导与关怀助力他们快速融入新环境，开启学习生活的新篇章。进入初二，多数学生已顺利跨越适应门槛，展现出积极的学习态度与强烈的学习动机。然而，不容忽视的是，少数学生可能遭遇学习瓶颈，滋生厌学情绪。此时，教师需敏锐捕捉这一信号，及时介入，提供个性化辅导与支持，有效遏制厌学情绪向弃学行为的转化，确保每位学生都能保持学习热情，防止学生厌学、弃学。初三阶段，随着学业压力骤然增大，部分学生可能因难以承受而感到力不从心。此阶段，教师需通过适应性教育，帮助学生紧跟教学节奏，激发他们内在的学习动力，学会在压力之下调整心态，珍惜眼前的学习机会，以更加坚韧不拔的姿态迎接挑战，培养起对未来新生活、新环境的强大适应力与心理准备。

6. 强化自主学习教育

自主性作为刚正品格的重要因素之一，在学生群体中尤为显著地体现在学习与工作两大领域。具体而言，自主性强的学生即便面临学业上的挑战，也往往能展现出高度的主动性，积极参与班级事务，并在这一过程中逐渐增强自我驱动的学习能力。鉴于此，学校致力于激发学生的自主性，要求教师转变自身教育理念，从传统的知识传授者转变为学习引导者，不断提升教学与管理能力；同时，积极培养一支高效、负责的学生干部队伍，使他们成为推动班级自治的重要力量，助力实现班级管理的制度化、规范化和程序化。这一过程不仅促进了班级运作的高效有序，还为学生提供了实践民主决策、提升领导力的宝贵平台，进一步推动了班级决策的科学化与民主化进程。

学生是教学活动的主体，学生内在积极性的发挥与否直接影响着教育的结果，因此要达到教学预定的效果就必须采取有效的措施充分调动学生的主观能动性。积极好学的学子展现出学习的坚韧与刚毅，他们独立思考，勇于探索未知，敢于质疑既有观念，自信地阐述个人见解。在思想政治教学过程中，学校政治教师应积极营造问题情境，激发学生主动思考，鼓励他们自主探索，并勇敢表达个人观点。

五、课程评价

大岗中学致力于构建全面而完善的尚德课程评价机制，该机制不仅涵盖对学生道德品质的全面评估，也包含对教师德育工作成效的深入考量。通过完善德育评价机制，可构建一个全员参与、全程贯穿、全面覆盖的德育工作格局，促进学生德智体美劳全面发展，培养具有高尚品德、扎实学识、创新精神和实践能力的新时代接班人，同时能更客观、全面地评估教师在德育工作中的投入程度、专业能力、创新精神及工作成效，提升学校德育工作的实效性。

一方面，对学生的道德评价。一是注重精神的关怀和奖励，多采用表扬和赞赏的方式来进行道德评价；二是发挥学生自评、互评的民主评价作用；三是完善学生成长记录系统和德育档案袋，加强过程评价；四是建立学生申诉委员会，保障学生合法权益。

另一方面，对教师的德育工作评价。一是注重教师德育工作的过程与结果相结合的评价，建立多维度的评价方式。二是加强评价的激励作用，实行公开化、民主化的评价方式，如组织学生代表和家长代表座谈会，适当重视并参考学生和家长的意见，把学生和家长的意见纳入到评价体系中。三是制订科学可行的教师德育工作评价量表，根据不同的内容和指标实行量化考核。严格按照自评、组评和校评的程序进行评估，将是否严格履行职责和是否取得良好的教育效果作为定性的评估标准。

六、课程案例："毅行者"活动

10多年来，大岗中学努力探索多元素质教育的路径，充分利用社会教育资源，探索出一条让学生下乡参加劳动实践的"毅行者"活动的路子。该活动以主题鲜明、操作性强、参与面广、内容充实、形式新颖、生命力强、影响深远等鲜明的特色，成为学校综合实践活动课的精品。

该活动于每年三月下旬的某个星期六（清明节前10天左右）举行，由学校政教处组织初一年级的全体师生骑自行车到距学校约5千米远的榄核镇顺河村进行一天的社会调查和生产劳动。一般师生在8：00出发，14：00返回。到村后，师生首先听取村干部介绍村子的基本情况。接着，全年级学生分为数个5人小组，由顺河小学的学生1人带领1个小组回家开展活动。下午两点前，各小组回顺河小学集中进行小结和交流。活动结束后，学生每人要上交一份社会调查表和一篇活动感悟。"幸福生活原来是这样来之不易,要懂得感恩和珍惜。"学生在心得体会里这样写道。

为确保交通安全,镇交警中队、派出所和村保安队都派员沿途护送。为将该活动进一步深化,学校还安排了顺河小学负责接待的学生到大岗中学进行回访。回访学生在校长带领下,首先参观大岗中学校园校貌,然后分为3人小组,由曾到顺河村参加"毅行者"活动的学生带回家里体验生活。

如今,大岗中学以榄核镇顺河村为基地举行的"毅行者"活动,参与学生达4000多人,组成过800多个活动小组,深入800多个家庭;大岗中学接待回访学生共150多人,组成过50多个小组,深入大岗镇50多个学生家庭。

"毅行者"活动寓教育于活动之中,通过活动让学生接受劳动教育、礼仪教育、磨难教育、纪律教育、环保教育和理想教育等多元素质教育。该活动一直以来受到有关部门的大力支持和社会的广泛关注。大岗镇广播电视站对此活动进行长期采访报道,番禺区摄影家协会的摄影师跟踪拍摄,《番禺日报》和番禺电视台亦进行过多次报道。如2007年第9届"毅行者"活动中,广州《现代中小学生报》派出6位记者进行全程跟踪采访,并于第1339期用了两大版面对此次活动进行了重点报道。省、市一级学校评估组的专家也充分肯定了该活动的意义。中国教科文卫体工会女职工委员会主任汪林仙和福建省教育工会的领导到大岗中学考察时也高度肯定"毅行者"活动。

"毅行者"活动是大岗中学生态德育模式的一个侧影,也是绽放在多元素质教育中的一朵奇葩。学校独辟蹊径,巧妙地将生态、资源、环境等核心理念融入各学科的教学脉络之中,使知识的传授与环保意识的培养相得益彰。通过精心打造班级生活环境,营造出浓郁的环保教育氛围,每一处细节都彰显着对净化、绿化、美化"三化"标准的执着追求。这一创新举措,不仅构筑了生态德育的新范式,更在潜移默化中强化了环境道德教育的根基,激发起学生内心深处对保护环境的责任感与使命感。在此过程中,学生逐渐形成了尊重自然、爱护环境的价值观,将生态道德情感内化于心、外化于行,最终养成了与自然环境和谐共生的良好行为习惯。

第二节　有识:博学课程

随着城市化步伐的加速,自然教育日益成为公众关注的焦点,其重要性愈发凸显。年轻一代被寄予着这样的厚望:去探索大自然无尽的奥秘,发现生命的奇迹,并深入研究其背后的规律。生物学作为探索生命现象与活动规律的学科，其核心研究对象正是自然界中丰富多彩的生物。传统上，生物学为农学、医学奠定了坚实的基础，深刻影响着种植业、畜牧业、渔业、医疗制药、公共卫生等多个领域。而今，其影响力已广泛拓展至食品科学、化学工程、环境保护、能源开发乃至冶金工业等多个现代工业领域。此外，生物学通过仿生学的桥梁影响着电子技术与信息技术的革新与发展。步入21世纪，生物学知识的普及与应用几乎覆盖了日常生活的每一个角落。

对于中学生而言，生物学不仅是一门以实验为基础的自然科学，更是一个培养他们将理论知识应用于实际生活的能力的平台。学生运用所学，对生活中遇到的奇特生命现象进行剖析，这一过程不仅加深了他们对生物学的理解，更在无形中锻炼了他们的科学实践能力和创新思维。

学校作为教育的主阵地，承担着培养学生科学素养与实践能力的重任。这要求学校在教学上不能将学生的学习局限于教室之内、作业之间，应当积极引导学生走出教室，走进自然的大课堂，让他们在亲身体验中感受生物学的魅力，激发探索未知的热情。通过这样的方式，才能真正培养出既具备扎实理论基础，又拥有卓越实践能力和创新思维的新时代人才。

一、大自然中的生物小学者

生物学科是大岗中学的特色学科，学校通过生物微模型创作、观鸟等实践活动，为学生搭建起连接课堂与自然的桥梁，让学生做"大自然中的生物小学者"。在这些活动中，学生不仅能够直观地认识并了解多种多样的动植物，还能通过观察昆虫的习性与聆听鸟儿的鸣唱，亲身感受大自然的奇妙、观察生命的奇迹，从而真正融入大自然的怀抱中。这样的经历不仅丰富了学生的知识储备，更重要的是培养他们对自然的敬畏之心，学会尊重每一个生命体。为保障生物学科活动的深入开展，学校投入资金建造了广州市中学中少有的模拟生态标本室，为学生提供了学习的平台；开展了各种生物和环境科学实践活动，引导学生探求科学之真，塑造刚正人生。

（一）建设模拟生态标本室

学校在大岗中学科技创新综合实践基地里，打造了一个广州市中学中少有的模拟生态标本室，供师生参观学习。标本室里4个纲、25个目、51个科、108种野生脊椎动物的分类、分布、生活环境、生活习性、经济价值、药用价值、属几级保护动物等资料搜集齐全，累计搜集原始文字材料数十万字，并有网页版本，写成活动论文，供参观者查阅。其中108种野生脊椎动物遍布世界各地，分别分布在各种各样的生态系统中，共有国家一级、二级、三级保护动物35种，其中包括濒临灭绝的珍稀一级保护动物，如华南虎、扭角羚、小熊猫等。

此外，模拟生态标本室不仅承载着参观学习的功能，更是学生展示实践成果的重要平台。其内设的生物与环境科学实践活动成果展览室，汇聚了学生活动小组精心制作的超过800件（篇）的教学标本与作品，这些成果以多元化的形式呈现，涵盖了昆虫、骨骼、植物等多个领域。其中蝴蝶标本较多、质量高，不逊于市内一些专业场馆的蝴蝶标本。此展览巧妙地将知识传授、趣味体验与参与互动融为一体，为参观者营造了一个既富有教育意义又充满乐趣的学习环境。

在模拟生态标本室这个充满生命力的空间里，学生通过近距离观察、比较、分析标本与作品，深入探求科学知识的奥秘，提高自身多学科的综合素质和学习兴趣，增强自然科学文化素养和生态环境保护意识。同时，基于该标本室，教师的知识讲授变得更加具体、生动、易于理解。

（二）开展生物和环境科学实践活动

开展生物和环境科学实践活动（简称"科学实践活动"）是大岗中学促进学生科学素养、环境保护意识和实践能力提升的有效途径，能够让学生从理论走到实践，切实地加深学生对生物学科的理解与热爱。科学实践活动结合生物学科的特点，让学生通过观察和实验验证，掌握科学研究的技能；通过参与探究过程，学会科学研究的方法；通过观察、实验、实习、参观、讨论等形式，培养学生实事求是的科学态度，从而较为全面地提高学生的科学素质，塑造刚正人生。

1. 开展形式多样的活动，传授科学知识

生物教学中的关键一环在于活动课的教学，其中，科学实践活动作为活动课教学的核心形式，扮演着传授科学知识不可或缺的重要角色。在科学实践活动中，学校采取了一系列丰富多彩的教学形式，如组织实地参观学习、举办知识讲座、开展标本的采集和制作、组织社会调查、设计和开展探索性的专题研究等。这些教学形式有效地补充和扩展了课本上的知识内容，极大地拓宽了学生的知识视野，使学生构建起更为扎实且系统的科学知识体系。

2. 注重实验探究过程，加强科学方法训练

训练学生掌握科学的研究方法是提高学生科学素质的重要组成部分，能够为学生的整体素质优化增添坚实丰厚的生长点。在科学实践活动中，学校通过表2-2中的模式对学生进行科学研究方法的训练。

表2-2 实验探究模式

阶段	学生活动	教师活动
发现问题	启动探究欲望	引出疑问、激发兴趣
提出假设	进行尝试性解释	指导学生逐步迈向真理
设计方案	理性思考、谋求策略	指导学生确定研究步骤
探究发现	依靠实验（调查）获取资料	点拨铺路、及时反馈
结果分析	验证假设、归纳概括	引导学生得出科学结论

以"城镇建设对大岗镇蝶类资源的影响"活动为例。活动中，学生从大岗镇蝶类与农作物关系的研究中发现，区域内的蝶类种类和数量呈下降趋势。那么，蝶类种类和数量下降的趋势如何？造成该现象出现的原因是什么？带着这些问题，学校组织学生进行了实地考察，学生大胆推测区域内城建发展带来的生态环境的改变是造成此地蝶类种类和数量减少的原因。接着，学生设计了详细的调查方案，展开调查论证。一方面通过采集蝶类标本，对区域内的蝶类资源状况进行追踪调查，另一方面通过采访镇建委、绿委、农业办等部门，搜集大岗镇山丘、绿地、农田面积变化和城建发展状况的相关资料，然后对两方面的数据进行统计分析，发现规律，得出城建发展带来的生态环境改变使区域内蝶类种类和数量急剧减少的结论。通过系列活动的开展，学生受到了科学的训练，逐步掌握了科学的研究方法，从而有效地提高了整体科学素质。

3.应用探索性实验，培养学生的科学能力

探索性实验是一种学生在教师的启发下独立完成的学习活动。它鼓励学生经历从质疑到思考，再到动手操作、深入分析，最终解决疑惑的全过程。这一过程不仅遵循了中学生认知事物的规律，还有助于学生将已掌握的生物学知识系统化、整体化，进而转化为对实际问题的发现、探究与解决的能力。

在科学实践活动中，学校先后开展了"延长香蕉上市保鲜期初探""几种保鲜剂对香蕉病菌的抑制作用""利用蚕豆根尖细胞微核技术检测环境污水""环境污水对植物组织中可溶性糖含量的影响"等10多项课题的研究，分别获得国家级、省级、市级的奖励。例如，在"环境污水对植物组织中可溶性糖含量的影响"课题研究中，学生在教师的启发下独立设计实验方案，栽培甘薯植株，采集不同地点的水样对植物进行处理，测定植株组织中不同时期的可溶性糖含量，最后统计分析，列图表归纳，发现规律性的内容。学生从实验中探索出测定植物组织可溶性糖含量、检测水质污染程度的新技术，并应用这一技术检测和比较了大岗镇几处地点的水质受污染的状况，撰写出有一定质量的调研报告，为政府职能部门整治水污染提出自己的建议。通过这一活动，学生的科学能力得到了培养和提高。

4. 开展科学实践活动，培养学生的科学态度

拥有良好的科学态度能够促使学生以客观、实事求是的精神投身于科学实践活动中，勇于探索真理，这是推动科学实践活动迈向成功的重要基石。例如，在"利用蚕豆根尖细胞微核技术检测环境污水"课题研究中，为了计算蚕豆根尖细胞的微核发生率，往往要求学生花一整天盯在显微镜下细心、无误地统计观察到的总细胞数和其中微核细胞数，获取科学的数据。又如，在"城镇建设对大岗镇蝶类资源的影响"课题研究中，从立项到结束，前后经历了10年，生物课外小组进行了5次的换届调整，其间遭遇了不少的困难，经历了不少的曲折，但是小组学生毫不气馁地继续探索，终于使该课题研究走向成功——该项目在第四届全国青少年生物与环境科学实践活动评选中获得优秀项目一等奖。这些活动充分培养了学生尊重事实、严谨治学、追求科学、坚持不懈、锲而不舍的科学态度，使学生的科学素质得到了提高。

5. 参与科学实践活动，培养学生的科学精神

求实、创新、协作、奉献的科学精神，是学生不断探求真理、发现科学事实、解决新问题的支柱。例如，在"几种保鲜剂对香蕉病菌的抑制作用"课题的早期研究中，由于实验方案的某些环节不合理，导致研究活动的失败，使近一年的努力白白付出。但学生并没有放弃，通过不断查阅资料，请教专家教授，终于找出了病菌的分离、纯化环节不科学是导致活动失败的原因，并对实验方案作了改进，继续进行探索。又如，在"环境污水对植物组织中可溶性糖含量的影响"课题研究中，每一轮的糖含量测定实验都由生物课外小组的20多位学生分工负责。它要求每位同学步调一致，在各自的实验岗位上严谨地完成自己的任务。若在实验过程中，一个学生在某一环节出了问题，整个实验就必须停止，甚至要重做。久而久之，便磨炼出学生求实、探索、创新、协作、献身的科学精神。

综上所述，科学实践活动的深入开展，为学生搭建了一个探索科学真理的广阔舞台。在活动探究过程中，学生不仅丰富了科学知识，还学会了运用科学方法，培养了卓越的实践能力、严谨的科学态度及不懈追求的科学精神。这些宝贵的经历与收获，全面提升了学生的科学素质，为他们塑造了正直、坚韧的人生底色，真正将素质教育的理念落到了实处。

★ 科学实践活动案例

十八罗汉山森林公园位于广州市南沙区大岗镇，是南沙区少有的森林丘地，主轴长3.1千米，宽约2千米，海拔最高点达127.3米。山上有云霞观、观音堂、仙庙、天后宫、水月宫等观庙，有十八罗汉石、梅郎和布娘等传说，有森林、幽壑、湖沟等自然景观。大岗镇从2004年就开始对十八罗汉山森林公园进行规划建设，把十八罗汉山森林公园打造成大岗镇的地方特色名片，使之成为人们旅游观光、休闲度假、康体健身及科普教育的一个重要场所。

然而，十八罗汉山森林公园地质为第三纪红色砂岩、砾岩，下有入侵花岗岩组成的土壤，主要为砂页岩赤红壤（图2-2），赤红壤中含石砂多，保水性差，天然林大部分已被破坏，为人工植被所代替，大大削弱了十八罗汉山森林公园的物种多样性。

图2-2 十八罗汉山森林公园的砂页岩赤红壤

为配合十八罗汉山森林公园的远景建设，做好公园的植被改造工作，保护生物多样性。大岗中学组织师生开展"十八罗汉山森林公园耐旱植物物种多样性及花期的研究"活动，让学生了解十八罗汉山森林公园耐旱植物的物种多样性及花期，提出改造植被、丰富十八罗汉山森林公园的生物多样性的建议。同时，在调查活动体验科学研究的过程中，培养和提高学生的科学探究能力，陶冶学生热爱大自然的情操。

1. 学习目标

第一，了解十八罗汉山森林公园耐旱植物的物种多样性及花期，提出改造植被,丰富十八罗汉山森林公园的生物多样性的建议。

第二,让学生综合运用掌握的知识和技能,开展调查活动,培养和提高科学探究能力。

第三,通过参与关于十八罗汉山森林公园耐旱植物的研究活动,学生获得亲身参与实践的体验和经验,学会与人交往、与人合作。

第四,在活动中培养和增强学生的科学意识、科学精神,养成严谨治学的态度。

第五,培养学生热爱和建设家乡的思想感情。

2. 第一课时:确定课题

学生实地考察十八罗汉山森林公园,了解十八罗汉山森林公园的耐旱植物资源现状,确定研究课题。

课前准备:照相机、笔、笔记本、帽子、饮用水。

考察任务:

(1)十八罗汉山森林公园的耐旱植物资源现状。

(2)十八罗汉山森林公园土壤的特点。

(3)耐旱植物是如何适应十八罗汉山森林公园土壤而生存的。

3. 第二课时:制订计划

(1)学生通过实地考察、咨询教师、查阅资料等方法制定识别耐旱植物的方法,并填写表2-3。

表2-3 识别耐旱植物的方法

植物适应耐旱环境的特点	
识别耐旱植物的方法	

(2)学生通过实地调查,了解耐旱植物物种多样性,并填写表2-4。

表2-4 十八罗汉山森林公园耐旱植物物种多样性调查表

编号	植物名称	所属科	数量(成片;少数多株)	植物图片

（3）学生通过网络、实地考察、访问，了解耐旱植物的花期特点，并填写表2-5。

表2-5　十八罗汉山森林公园耐旱植物的花期特点调查表

编号	植物名称	花期开始时间	花期结束时间	花色	花香	花的大小

（4）统计、整理、分析调查数据。在班内展示成果，与同学表达和交流。

（5）根据调查结果，提出关于改造十八罗汉山森林公园植被、保护生物多样性的建议。

4. 第三课时：实施计划

（1）十八罗汉山森林公园的部分植物由于长期受环境的影响，其形态和结构发生了变化，形成了一系列耐旱适应特征。因此，以调查结果制定识别耐旱植物的方法，详见表2-6。

表2-6　识别耐旱植物的方法

植物适应耐旱环境的特点	①有发达的根系或根系有不同程度的肉质化，形成储水的地下器官
	②茎秆演变为肉质，形成储水器官
	③茎干上的叶子变小或丧失，幼枝或幼茎的皮层细胞中可具有丰富的叶绿体
	④叶不发达
识别耐旱植物的方法	具有上述适应耐旱环境特点之一的植物，可识别为耐旱植物

（2）到十八罗汉山森林公园开展实地调查，了解耐旱植物物种多样性。调查结果见表2-7。

表2-7 十八罗汉山森林公园耐旱植物物种多样性调查结果

编号	植物名称	所属科	编号	植物名称	所属科	编号	植物名称	所属科
1	苏铁	苏铁科	24	火殃勒	大戟科	47	爬山虎	葡萄科
2	马尾松	松科	25	白背叶	大戟科	48	麻楝	楝科
3	南洋杉	南洋杉科	26	李树	蔷薇科	49	苦楝	楝科
4	罗汉松	罗汉松科	27	桃树	蔷薇科	50	荔枝树	无患子科
5	白兰	木兰科	28	台湾相思	豆科	51	龙眼树	无患子科
6	樟树	樟科	29	黄槐	豆科	52	芒果树	漆树科
7	潺槁	樟科	30	凤凰木	豆科	53	盐肤木	漆树科
8	阴香	樟科	31	红绒球	含羞草科	54	毛叶杜鹃	杜鹃花科
9	大叶紫薇	千屈菜科	32	花生草	豆科	55	桂花	木犀科
10	细叶紫薇	千屈菜科	33	紫荆	豆科	56	长春花	夹竹桃科
11	三角梅	紫茉莉科	34	鸡冠刺桐	豆科	57	软枝黄婵	夹竹桃科
12	蒲桃	桃金娘科	35	大叶相思	豆科	58	夹竹桃	夹竹桃科
13	番石榴	桃金娘科	36	翅果铁刀木	豆科	59	龙船花	茜草科
14	细叶桉	桃金娘科	37	羊蹄甲	豆科	60	蟛蜞菊	菊科
15	大叶桉	桃金娘科	38	马占相思	豆科	61	福建茶	紫草科
16	柠檬桉	桃金娘科	39	红檵木	金缕梅科	62	火焰木	紫葳科
17	野牡丹	野牡丹科	40	朴树	榆科	63	驳骨丹	马钱科
18	使君子	使君子科	41	细叶榕	桑科	64	马缨丹	马鞭草科
19	木棉	木棉科	42	构树	桑科	65	天门冬	天门冬科
20	美丽异木棉	木棉科	43	大叶榕	桑科	66	蚌花	鸭跖草科
21	七彩大红花	锦葵科	44	黄金榕	桑科	67	鸭跖草	鸭跖草科
22	大红花	锦葵科	45	高山榕	桑科	68	大王椰子	棕榈科
23	乌桕	大戟科	46	菩提榕	桑科	69	狐尾椰子	棕榈科

(3)通过实地考察、网络探究、访问,了解耐旱植物的花期特点,并根据上述调查结果进行统计。

得出以下结论:①由于十八罗汉山森林公园的赤红壤中含石砂多、保水性差,致使植物生存的自然条件较为恶劣,物种多样性贫乏。经初步调查发现,十八罗汉山森林公园内的耐旱植物共有35科69种。②十八罗汉山森林公园的耐旱植物的花期集中在每年的3月至10月,这几个月开花的耐旱植物分别有20、30、34、41、32、30、27、20种,而花期在每年的1、2、11、12月的耐旱植物分别只有7、10、10、8种。

5. 第四课时:总结交流

(1)撰写探究活动报告。

(2)制作PPT(幻灯片),在班内进行展示交流。

大岗中学开展的"生物和环境科学实践活动"是广州市首批青少年科技活动特色项目,在区域内具有较大的影响力。学校生物学科组坚持开展生物与环境科学实践活动,已历数十个寒暑,取得累累硕果。生物小组制作的教学标本1300多件(篇),参加科技制作、生物百项发明创造等科技活动比赛,共有72项860人次获奖(全国5项、广东省15项、广州市35项、番禺区17项)。同时,学校荣获广州市教育局、广州市青少年科技教育会授予的"广州市青少年科技活动特色项目""广州市青少年科技教育活动先进集体"称号,成为"番禺区青少年生物科普辅导站",被评为"广州市少年科技教育活动先进集体"。

二、发现隐藏的科学世界

科普教育作为科技与教育的有机结合点,正日益成为各国政府关注的焦点。近年来,我国在科普教育事业上虽已取得显著成效,但仍面临诸多挑战,具体表现为"五缺"现象:科普资源的匮乏,特别是高质量教育读物的缺失;媒体宣传力度的不足,难以形成广泛的社会影响力;教育引导机制的缺乏,限制了科普知识的有效传播;科普网站的稀缺与滞后,未能充分利用数字平台的力量;青少年兴趣导向的科普内容匮乏,难以满足年轻一代的探索欲望与需求。

为了推进科普教育,大岗中学采取了多元化的策略。首先,建立常态化的课程载体,确保科普知识能够系统地融入日常教学之中。在此基础上,学校积极拓宽教育渠道,经常邀请专家学者举办专题讲座,为学生提供与科学前沿学者直接对话的机会。同时,为了激发学生的内在兴趣与探索欲,学校成立了多样化的科技社团和兴趣小组。这些社团和兴趣小组为学生搭建了实践创新的平台,通过组织丰富多彩的科普活动,以生动有趣的形式,将复杂的科学原理变得易于理解和接受。这些活动有效唤起了学生对科学的热爱与向往,提高了学生自觉参与和主动探索科学的热情。学生在轻松愉快的氛围中,逐步被引领进入科学的广阔殿堂,探索未知世界的奥秘。

(一)基础:科普教育实践

青少年时期是人的一生之中求知欲最旺、可塑性最强的黄金时期,在青少年中广泛开展科技教育,撒播科学的种子,对于从小培养其科学精神、树立科学理念、不断提升全民科学素质具有重要的现实意义。

大岗中学拥有多年科技教育的传统,曾被评为广州市青少年科技教育活动先进集体、广州市青少年科技教育特色项目学校、广州市第四批科学技术普及基地。2012年5月,大岗中学科技创新综合实践基地加入广州市科普基地联盟,成为其成员单位。"'科技创新教育'活动课程开发与实施的研究"获批2013—2014年广州市青少年科技教育特色课程。学校依托科普基地丰富的科普资源开设科技特色班,加强与外国学校进行科技项目的交流,积极发挥作为南沙区基础教育国际化试点学校的示范作用。为了更全面而深入地开展科普教育,学校通过建设科普教育基地、开发科技活动课程、打造科技社团等途径,全方位地激发学生的科学兴趣,培养学生的科学素养。

1. 建设科普教育基地

大岗中学科技创新综合实践基地于2008年2月挂牌,于2012年5月加入广州市科普基地联盟,具备综合性、科学性、应用性、知识性、趣味性、开放性的特点,主要面向周边中小学、兄弟单位的学生开放,可实现资源的有效共享。通过多样化的基地活动,增强学生的科学意识,培养其探究未知、勇于实践、敢于创新的能力,同时培养学生的社会责任感。

该基地是一个拥有"1台2园7室"的科普教育宣传阵地,建筑面积约1800平方米。其中,"1台"指的是地震监测台,"2园"指的是生物园和地理园,"7室"指的是模拟生态标本室、生物与环境科学实践活动成果展览室、地理室、历史室、无线电测向科技活动室、金工室和木工室,共同构成一个多位一体的科技创新综合实践基地,各场室均配备专职教师进行指导。

该基地的核心理念在于为学生打造一个全方位、多视角的科学探索平台,旨在通过沉浸式的体验,全面提升学生的综合素质。基地不仅聚焦于生物多样性的奥秘,引领学生深入探索生物与环境的关系,培养他们对自然界的敬畏之心与环保意识。同时还引领学生跨越时空界限,上至浩瀚星辰的天文探索,下至广袤大地的地理发现,拓宽他们的知识视野。此外,基地精心设计了无线电技术的探索之旅,激发学生的好奇心与求知欲。在实践区域,学生可以学习金工、木工等传统工艺的操作原理，将理论知识转化为实际技能，锻炼其动手能力和创新思维。

2. 开发科技活动课程

大岗中学精心构建了涵盖人文科学、研究型学习、环保行动及义工服务等多元化的科技活动课程体系，旨在全方位培育学生的人文素养与社会责任感，引导他们成为既关心自我成长又心系社会福祉的未来公民。自2003年起，学校便持续举办年度校园科技节，这一传统活动以其独特的魅力和显著的成效，成了学校科普教育的一张亮丽名片。

科技节期间，一系列精彩纷呈的活动项目不仅展现了科技的魅力，更激发了学生对科学的无限热爱与探索欲。例如，航模表演与水火箭试射，让学生在动手实践中感受飞行的奥秘；无线电测向挑战，则考验着他们的智慧与团队协作能力；科幻绘画讲座，激发着学生的想象力；"鸡蛋撞地球"等趣味实验寓教于乐，让学生在欢笑中领悟科学原理。学校充分利用自身资源，开放模拟生态标本室、地震监测台及历史室等特色场所，让学生近距离感受自然与历史的奥秘。科技创新活动成果展示交流环节，更是为学生提供了一个展示自我、交流思想的平台，促进了创新思维与灵感的碰撞。此外，学生通过观看科普电影，进一步加深了对科学知识的理解和兴趣。可以说，科技节是师生的一场科技盛宴。

近年来，为了培养学生勤动手、善动脑、爱科学、乐创造的科学素养和实践能力，学校积极挖掘社会资源，拓宽科普教育的渠道。例如，学校创造性地将广州市科学技术发展中心主办的科普大篷车活动请进校园。科普大篷车车载展品丰富，不但有广东省地质灾害防治科普图片展，还有射仪、测酒仪、无皮鼓、手眼协调、齿轮传动、猜生肖、动物眼中的世界（蜻蜓眼）、难以摸到的柱子等科技展品。每一个展品都吸引了不少师生进行参观。又如，2016年10月，在神舟十一号飞船发射前夕，大岗中学学生积极参加由中国科协青少年科技中心与中国邮政太空邮局联合举办的"家书载梦"航天科普教育主题实践活动，参加活动的学生统一使用由中国邮政太空邮局免费发放的信封及信纸以家书的形式给神舟十一号航天员写信，表达个人的祝愿与寄语。家书将通过神舟十一号航天飞船搭载到太空，由航天员随机抽取信件进行阅读，实现天地互动。晨曦文学社共收到近百封家书，这近百封家书以快递形式寄至北京接收中心，我们期待，在太空中，我们同学写的信能与航天员实现天地互动。

3. 打造科技社团

成立于2016年9月的大岗中学北斗天文社是众多学校"科学小分队"中的一个，社团主要开展天文知识讲座、校内或野外观测天文现象、望远镜和北斗导航的有关知识和实际操作等活动。北斗天文社有30多位成员,由专业教师负责指导。

近几年,大岗中学参加科技创新大赛获得不俗的成绩,如获得国家级一等奖1项、二等奖2项、省级一等奖2项、二等奖5项、三等奖12项、市级一等奖11项、二等奖8项、三等奖18项,以及区级多个奖项。此外,无线电测向、十八罗汉山森林资源的调查与开发成为区级特色活动。

(二)特色:STS综合实践活动课程

科学(Science)、技术(Technology)、社会(Society)的研究简称为"STS研究",它探讨和揭示科学、技术和社会三者之间的复杂关系,研究科学、技术对社会产生的正负效应。其目的是要改变科学和技术分离,科学、技术和社会脱节的状态,使科学、技术更好地造福于人类。STS教育是科学教育改革中兴起的一种新的科学教育构想,其宗旨是培养具有科学素质的公民。它要求面向公众,面向全体;强调理解科学、技术和社会三者的关系;重视科学、技术在社会生产、人们生活中的应用;重视科学的价值取向,要求人们在从事任何科学发现、技术发明创造时,都要考虑社会效果,并能为科技发展带来的不良后果承担社会责任。

在我国基础教育课程改革持续深化的背景下,大岗中学依托STS综合实践活动课程中积累的经验与成果,不断深化并拓展教学模式。学校通过精心设计的STS综合实践活动,旨在为学生搭建一个多层次的学习与实践平台。活动过程中,学生被引导经历一系列严谨而富有挑战性的研究步骤:从发现问题开始,到提出假设,进而精心设计研究方案。随后,在分工合作中完成实验操作,这一环节不仅锻炼了学生的动手能力,还强化了团队协作精神。接着,通过对实验结果的深入分析与热烈讨论,学生学会了归纳总结,并在此基础上进行成果的展示与交流,这一过程让学生的思想得以自由驰骋,让学生亲身体验到科学探索的魅力。

更重要的是,这些活动让学生走出课堂,直接面对大自然与社会,进行一种在课堂上无法获得的"体验性学习"。在真实的情境中,学生亲身体验科学研究的全过程,从中感受科研带来的乐趣与成就感,深刻体会到其中的艰辛与挑战。这一过程,不仅极大地丰富了学生的知识储备,更在无形中磨砺了他们坚韧不拔、锲而不舍的意志品质。

同时,STS综合实践活动还致力于培养学生的科学态度、创新精神与实践能力。学生在活动中学会以实事求是的态度面对问题,以一丝不苟的精神追求真理。他们敢于创新,勇于实践,不断突破自我限制,展现出强烈的求知欲和探索欲。此外，活动还强调团队合作与人际交往的重要性。学生在共同完成任务的过程中，学会了相互尊重、理解与支持，培养了良好的合作意识和团队精神。这种能力对于他们未来的学习、工作乃至人生都将产生深远的影响。

1. 课程目标

第一，培养学生的科学生态观。通过了解人类生态环境（包括自然的、社会的、规范的、生理心理的）之间相互作用的规律和机理，树立人类生态环境的全面发展、协调发展和可持续发展的生态观。

第二，培养学生的辩证系统观。通过"人与自然、人与社会、人与自我、人与文化"的实践教育，树立人与"科学、技术、社会"生态系统是一个相互联系、相互促进、共同发展的辩证系统观。

第三，促进学生素质的全面发展。通过STS综合实践活动课程，如学科拓展课程、研究性课程、实践性课程、体验性课程，促进学生素质的全面发展。

第四，促进学生特长的多元发展。开展丰富多彩的社团活动，以促进学生特长的多元发展。

2. 课程内容

STS综合实践活动课程分为"人与自然、人与社会、人与自我、人与文化"四个学习模块。在各模块下设计若干个活动主题。"人与自然"模块活动主题有环境教育类、科学探究类、科技创新类，"人与社会"模块活动主题有思品教育类、人文教育类、社科创新类，"人与自我"模块活动主题有心育体验类、德育实践类、美育鉴赏类，"人与文化"模块活动主题有民俗文化类、学校文化类、特色文化类（图2-3）。

以"环境教育"为例，学校以《中小学环境教育实施指南》和《中小学环境教育专题大纲》为引领，采用专题教育形式从知识上联系各学科，将本地区典型环境知识、环境问题系统完整地传达给学生，实现集中性环境教育功能。教学设计以学生主体性教育为理念，教学形式多样，包括探究性实验、调查、案例分析、设计、参观、访问、社区活动等。

课程中"生物多样性——走进十八罗汉山森林公园""环境问题——坚守南沙家园""环境与人体健康——可持续发展的道路"三个模块，以先后顺序带领学生用"邻居""探访者"的视角观察、了解紧邻学校的十八罗汉山生态系统。这些课程内容的设置可让学生知道自然环境和生态系统的结构、功能和演化过程；懂得关爱自然、尊重生命，形成对生物与环境间的关系的深刻认识；以"主人翁"的心态关注、发现身边的环境问题，并培养解决环境问题的能力及刚毅正直的品格；用发展的眼光看待人与自然、环境之间的关系，形成和谐发展观。

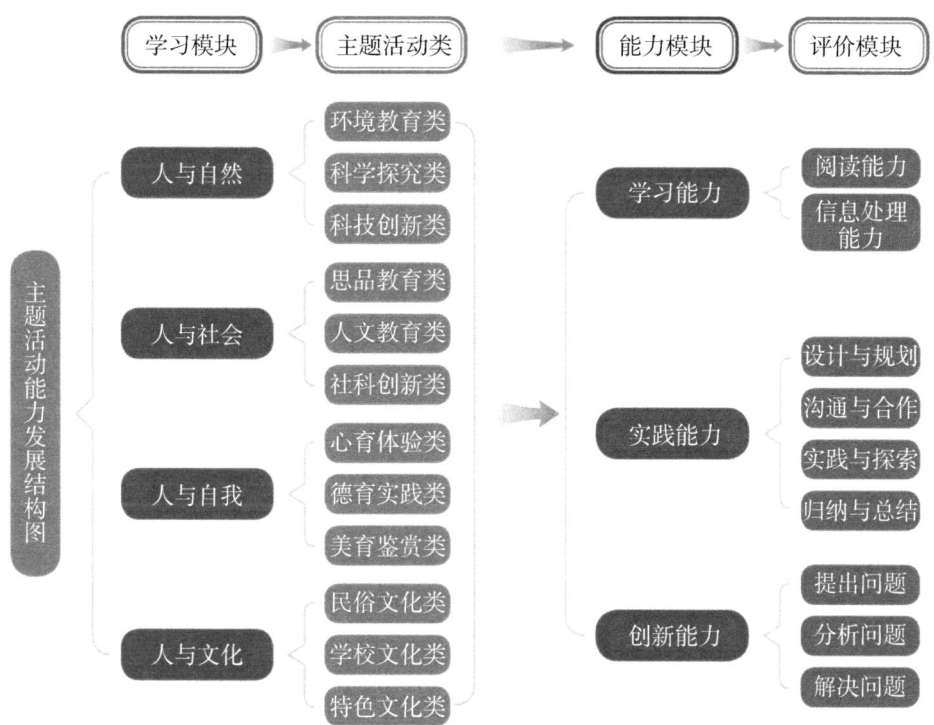

图2-3 STS综合实践活动课程内容

3. 课程实施

课程实施策略包括活动主题化、主题单元化、单元课型化、课型问题化。

"活动主题化"是将STS综合实践活动课程分解为四个学习模块，在各模块下设计若干个活动主题。

"主题单元化"是将一个完整的主题活动按时空逻辑分解为四个单元：开题活动→实践活动→交流活动→展示活动。

"单元课型化"是将每个单元按任务逻辑分解为若干课型："开题活动"系列课型包括选题指导课、方法指导课、方案设计课、开题报告课；"实践活动"系列课型包括实践探究课、问题讨论课、专题辩论课；"交流活动"系列课型包括中期交流课、专题交流课、成果设计课；"展示活动"系列课型包括活动展示课、成果展示课、结题报告课。

"课型问题化"是指课型以问题为导向，通过问题提示、问题分析达成问题解决。步骤包括明确教学问题（任务）→编写阅读文本（学材）→研制教学设计→组织教学过程→课后反思建构。"明确教学问题"是指明每节课需要解决的问题是什么，如"选题指导课"需要解决的问题是"选什么、怎样选"。"编写阅读文本"是根据教学问题搜集和编写相关阅读材料、设计需要研究的问题；根据学生的认知基础和心理特征，设计阅读文本的长度、难度和形式（连续文本、非连续文本、混合文本、多重文本）。"组织教学过程"是根据"问题导航→问题探究→展示交流→学习评价"四个环节组织的。"课后反思建构"是根据学习目标是否达成来进行教学反思：有何成功之处，需要改进什么。

4. 课程评价

课程评价本质上是一个多维度、深层次的价值判断过程，它旨在全面而公正地评估学生的学习成效。在STS综合实践活动课程中，一是学校要求重视学生在评价中的个性化反应方式，评价设计力求灵活多样，以包容这些个性化差异；同时倡导学生在评价中学会合作，通过小组合作、同伴互评等形式，培养学生的团队协作能力、沟通能力和批判性思维能力。二是以质性评价为主导，整合并逐步取代传统的量化评价方式，强调对学生学习过程的深入理解与分析，关注学生的学习态度、努力程度、创新能力等非量化因素。三是强调结合评价问题的真实性与情境性，力求将评价内容与学生的实际生活和学习情境紧密相连。四是评价过程不仅关注学生解决问题的结论，更加重视得出结论的过程，以此教师可以更准确地把握学生的学习状态和发展潜力，为后续的教学改进和个性化指导提供有力支持。

★案例：保卫南沙蓝天——大气污染与防治

1. 第一课时：实践·调查

调查项目：背景知识与概念——大气污染成因、污染指示生物、植物修复。

学生可自主选择参加下列活动中的任何一项，也可自主设置活动。以小组合作的方式，对有关大气污染与生物的关系进行调查。

（1）活动1：寻找身边的环境污染指示生物。

可选取代表性区域进行一种或多种污染指示生物的调查。

（2）活动2：吸收有害气体的植物在绿化中的应用研究。

可选取代表性区域进行一种或多种抗大气污染植物调查，并分析其合理性与实用价值。

（3）活动3：雾霾的发生与防治技术研究。

利用网络数据、文献资料进行研究，完成报告。

（4）自主设置活动4。

每3～5位学生为一组，自由组合，选出组长。选定活动项目，确定工作任务，并在组内进行分工（表2-8）。

表2-8　小组活动项目及分工

活动项目	
组员姓名	小组分工

主要活动内容：

方法：

进度安排：

说明：各小组要根据情况对任务进行具体分析，并依据小组各成员的特长作出适当的分工；此外要对所开展的活动内容细化，并提出可行的解决方法，在时间和人员方面作出具体安排等。

①调查表格：以"吸收有害气体的植物在绿化中的应用研究"为例设计表格，可参照下表自行设计调查记录表。

表2-9　典型抗大气污染植物

绿化类型	抗污染植物类型			

表2-10 南沙区抗大气污染植物在绿化中的应用情况

物种名称	抗污染类型	绿化地点	种植数量	种植方式	美化效果（很好、好、一般、较差、差）	空气污染值

②调查记录的内容、项目随研究目的不同而不同，但保持的原则是不宜罗列得太繁太细致，以免影响调查进度。此外，细致的数据整理分配工作应在室内进行。

③调查实施：采用文献调查法，实地考察评估，取样进行化学检测，并做好表格记录。

④数据整理与分析。

⑤展示与交流：写出调查报告，在班内展示。

交流讨论：南沙区大气污染大致情况，对南沙区大气污染防治的建议。

⑥总结：对本次调查活动进行自我评价和总结，并提出改进的建议。

2. 第二课时：实践·实验

（1）实验活动：酸雨对生物体生物学效应的影响。

选择一种适宜的生物并根据当地雨水pH值配置模拟酸雨进行对照试验，研究酸雨对该生物体的生长指标的影响。

（2）自主设置项目2。

①实验设计：以"酸雨对××种子萌发的影响"为例设计实验，同学们可参照下表自行设计方案（表2-11）。

表2-11 实验设计

活动项目		
组员姓名	小组分工	实验目的及预期

续表

1. 实验原理（包括公式、原理示意图及相应说明等）

2. 实验器材（实验动物、实验药品、实验器材等）

3. 实验步骤（方法）

4. 实验中可能遇到的问题和对策

5. 参考资料（列出主要参考书目）

②实验过程：填写好表2-12实验记录表。

表2-12 实验记录表

酸雨pH值：　　　　实验材料：　　　　温度：　　　　湿度：

	发芽率	生根数量	根长度	干重	可溶性糖含量	……
对照组						
实验组1						
实验组2						
实验组3						
……						

③展示与交流：撰写科学小论文并进行展示与交流。
④总结：对本次实验活动进行自我评价和总结，并提出改进的建议。

第三节　有恒：健体课程

2020年，央视新闻曾对"儿童青少年体质健康指标"进行报道，报道中指出我国儿童青少年体质健康指标连续20多年下降，33%的人存在不同程度的健康隐患。在探讨其根源时，锻炼不足被普遍认为是导致学生体质下降的重要因素。这不得不让我们思考：是应试教育体制下的压力导致学校体育发展受限，难以充分发挥其应有作用，还是学校体育体系本身在内容设计、实施效果或吸引力上存在不足，未能有效激发学生参与体育锻炼的兴趣和动力？若将两者视为并存的挑战，那么如何在当前的教育体制下找到平衡点，以最大限度地促进学生健康水平的提升，便成为学校体育亟须解决的关键问题。

青少年的身心健康、坚韧不拔的意志品质以及蓬勃向上的活力，不仅是衡量一个民族持续发展潜力的重要指标，也是社会文明进步程度的显著标志，更是国家综合国力中不可或缺且日益凸显的软实力要素。因此，学校教育必须重视学生的体质健康。2020年10月，中共中央办公厅、国务院办公厅印发的《关于全面加强和改进新时代学校体育工作的意见》提出，要"严格落实学校体育课程开设刚性要求，不断拓宽课程领域，逐步增加课时，丰富课程内容"。这要求学校不仅要积极寻求创新，如优化体育课程设置，增加趣味性和实用性强的运动项目，也要加强与社会的合作，共同营造支持学生体育锻炼的良好环境。

在遵循"开齐开足上好体育课"的基础上，大岗中学根据办学特色及学生需求，开设了特色健体课程，如击剑课程、篮球课程、毽球课程。随着学校体育课程的不断完善和丰富，近年来学校体育术科高考成绩喜人：2022年，袁小东同学以物理类总分505分、体育术科284分、体育类合成总分628分位居全省第12名，创学校体育考生历史纪录的最好成绩；2023年，体育术科考试上线情况为2人重点线、12人本科线；2024年，体育术科考试上线情况为1人重点线、7人本科线。

一、击剑课程

击剑，作为一项集快速、精准与灵活多变技术于一身的高雅竞技运动，它不仅是对个人灵敏度、柔韧性、力量素质及超乎寻常的头脑反应能力的考验，还塑造着参与者积极向上、坚忍不拔的积极品质与正能量。

大岗中学曾经在20世纪90年代有过辉煌的击剑时代，在当时的番禺地区名噪一时。借特色学校项目建设的东风和刚正教育的办学追求，学校在2017年6月启动了"十八罗汉击剑社团"特色项目的建设，该项目当时由杨植葆、陈浩两位老师负责，并聘请高水平教练为社团成员提供专业而全面的技术指导与训练（图2-4）。值得一提的是，在2016年广州市青少年击剑锦标赛上，大岗中学"十八罗汉击剑社团"的学子们大放异彩：社团的2名学生获得男子甲组佩剑团体第八名，3名学生获得女子甲组佩剑团体第七名的好成绩。这些战果不仅为学校的击剑运动历史添上了浓墨重彩的一笔，更为后续"十八罗汉击剑社团"的发展奠定了坚实的基础。

图2-4 "十八罗汉击剑社团"训练

"十八罗汉击剑社团"创立的宗旨在于精心培育具备高素质与多元才能的杰出人才，这深刻体现了学校对培养学生全面发展的责任担当，以及对学生健全人格的塑造与核心素养的坚定追求与导向。通过系统化的社团训练与竞技比赛，我们旨在不仅提升学生的击剑技能，更在无形中锻造他们刚毅不屈的性格与正直高尚的品格。

（一）课程概述

击剑是一项智者的运动。为了战胜对手，剑手必须不断地分析对手，通过观察判断排除假象，捕其本质，以迅速准确的结论来指导自己的行动。因此，击剑运动能锻炼敏捷灵活的思维、随机应变的能力和战胜困难的坚定理念。"宝剑锋从磨砺出。"一名击剑运动员，要想掌握好击剑本领，就必须不断努力，经历艰苦的修炼，克服重重的困难与挑战，超越自己，才能取得佳绩。

1. 训练方式

学校击剑社团分阶段学习击剑技术（初级、中级、高级），初级的学生主要学习击剑基本功，中高级的学生通过相互比赛切磋技术。常规的训练方式有如下几种：

（1）基础技能训练。

①姿势与动作：让学生掌握击剑的基本姿势和动作，包括站姿、握剑姿势、步伐移动等。②基本攻防技巧：逐步教授学生击剑的基本攻防技巧，如前进、后退、刺击、防守等，并通过反复练习来巩固。③专项肌肉训练：针对持剑手的专项肌肉进行训练，提高击剑动作的准确性和力量。

（2）分组训练。

①分组对抗：将学生分组进行对抗练习，每组轮流进行攻击和防守，以检验学生的技术掌握情况，并培养其竞争意识。②个别指导：针对不同学生的技能水平，进行个别指导，纠正其基本功的错误，并加大训练量和技术量，使其动作更加熟练自然。

（3）多样化教学手段。

①直观教学：通过自身示范动作或组织队员看挂图、幻灯片、录像等丰富的直观教学手段，帮助学生更好地理解和掌握技术动作。②启发教育：采取启发教育的方式，引导学生自己思考和探索，培养其解决问题的能力。③游戏教育：适当加入游戏元素，使训练更加有趣味性，提高学生的参与度和积极性。

（4）体能训练。

①全面发展：除了技术训练外，还需要注重学生的体能训练，包括耐力、速度、力量、柔韧性等方面的训练，以提高学生的综合身体素质。②循序渐进：根据学生的体能情况，制订合适的体能训练计划，并逐步增加训练强度和难度。

此外，为了帮助新队员更快地掌握击剑技术，社团用"老带新"的方式进行训练。老队员除了每周保持一定量的训练外，还有一项主要任务是辅助教练带好小队员的基本技术训练，发挥好"传、帮、带"的接力棒作用，从各个方面起到表率作用，指导和影响新队员成长，真正落实击剑队的要求，保持和发扬击剑队多年来的优良传统。

2. 社团活动

击剑社团每学期都会组织学生参加各类活动和比赛。

（1）比赛与交流活动。

①校内比赛：定期组织校内击剑比赛，让学生有机会展示所学技能，并培养其团队合作精神和竞争意识。②校际交流：邀请其他学校的击剑社团举办友谊赛或交流活动，拓宽学生的视野，提高其技术水平。

（2）主题活动。

①击剑表演赛：举办击剑表演赛，邀请师生观看，展示击剑社团的风采和成果。②击剑知识讲座：邀请专业击剑运动员或教练来校举办讲座，普及击剑知识，增强学生对击剑运动的兴趣和认识。

（二）课程活动案例

1. 活动背景

随着体育教育的不断发展和多元化，击剑作为一项集优雅、策略与体能于一体的运动，逐渐在中学生群体中受到青睐。为了丰富学生的课余生活，提高学生的身体素质和团队协作能力，本校决定举办中学生击剑社团比赛活动。

2. 活动目标

一是推广击剑文化，激发学生对击剑运动的兴趣和热情；二是提升学生的身体素质、反应能力和战术思维；三是增强学生之间的友谊与合作精神，培养团队协作能力；四是为击剑社团成员提供一个展示自我、交流技艺的平台。

3. 活动时间与地点

时间：选择周末或学校课外活动日进行，确保学生有足够的时间参与和准备。

地点：学校体育馆。

4. 参赛对象与分组

参赛对象：全校击剑社团成员，鼓励非社团成员报名参与体验赛。

分组方式：可以根据年级和水平分为不同组别，如初一至初三组、高一至高三组、进阶组（针对有一定基础的成员）；也可根据报名人数灵活调整，确保各组参赛人数相对均衡。

5. 比赛项目与规则

比赛项目：个人赛（花剑、重剑、佩剑自选）；团体赛（每队3～4人，可选同一剑种或混合剑种）。

比赛规则：采用国际击剑联合会或中国击剑协会制定的基本规则，根据参赛者年龄和水平适当调整。裁判由击剑社团指导教师及邀请的专业裁判担任，确保比赛公平公正。比赛采用积分制或淘汰制，具体根据参赛人数和时间安排确定。

6. 活动流程

报名阶段：提前一周发布比赛通知，学生自愿报名，并填写报名表。

准备阶段：①组织赛前训练，加强技术指导和体能训练。②布置比赛场地，准备比赛器材和防护装备。③召开赛前会议，明确比赛规则、流程和注意事项。

比赛日：①开幕式——简短致辞，介绍比赛目的、规则和参赛队伍。②比赛进行——按照预定赛程进行比赛，确保比赛顺利进行。③颁奖仪式——为获奖选手颁发奖状、奖品，并合影留念。④闭幕式——总结比赛情况，感谢参赛选手和工作人员的付出。⑤后期总结——收集参赛选手和观众的反馈意见，总结活动经验，为下次活动提供参考。

7. 活动预算与物资准备

预算：包括场地租赁费、器材购置费、奖品费用、宣传费用等。需提前向学校申请活动经费，并合理规划使用。

物资准备：击剑器材（剑、面罩、护胸、手套等）；裁判用具（计分板、哨子等）；奖品（奖杯、证书、纪念品等）；宣传材料（海报、横幅、传单等）；其他（急救包、饮用水、休息座椅等）。

8. 安全保障措施

确保比赛场地安全，无尖锐物品和安全隐患。参赛选手必须穿戴完整的防护装备，经检查合格后方可上场比赛。配备专业医护人员和急救设备，以应对突发情况。加强现场秩序管理，确保观众和参赛选手的安全。

总的来说，丰富的社团活动不仅提高了队员对击剑的认识，也提升了个人气质。当击剑运动员穿上白色的击剑服、戴上黑色的头盔、手持长剑傲然而立的时候，一种潇洒的风度、自信的气质油然而生。因此，击剑不仅是一项锻炼体能和防身技能的体育项目，同时还可以改变人的内在气质，使人的姿态更优雅，气质更高贵。

展望未来，学校精心规划社团的发展蓝图，计划从小学阶段便开始吸纳怀揣兴趣与具备潜力的幼苗加入社团，如积极寻求与优质中学的紧密合作，为他们铺设一条从兴趣启蒙到专业深造的成长之路。同时，随着社团实力的日益增强与成员们的卓越表现，我们探索与高校建立合作机制，为有志于深造且成绩斐然的高中社团成员开辟进入高校深造的通道。可预见的将来，学校击剑社团期待能够努力构建起一个贯穿小学、初中、高中乃至大学的全方位合作体系，把特色项目推向更广阔的空间。

二、篮球课程

篮球作为一种强身健体、寓教于乐的运动，在校园体育教育中深受追捧。学校的篮球课程秉承"提高身体素质，培养阳光人格"的理念，旨在让学生通过趣味性和专业性并重的篮球学习和训练，助推其身心全面发展。

高中篮球选修课是学校篮球课程的主要内容之一，在培养学生体育素养方面具有重要的意义。学校重视篮球选修课教学内容的设计策略，以学生作为考量的核心因素，充分体现学生的主体作用，发挥学生的主观能动性，让学生有更多的自主选择权利，以激发学生的学习积极性，培养学生终身运动的良好习惯。

（一）课程概述

1.课程目标

篮球是一种强度较大、对抗性较强的全身运动，为发挥该课程的育人成效，学校坚持"教学是基础、竞赛是关键、体制机制是保障、育人是根本"的发展思路，确立"以球健体、以球益智、以球育德"三位一体的课程目标。

第一，以球健体，即体质健康促进目标。学生的体质健康是学生身心健康发展的重要保障，篮球课程开设的主要目标在于通过篮球的学习和练习帮助学生提高体质，培养学生注重锻炼身体的好习惯，提高学生对篮球运动的兴趣。

第二，以球益智，即运动技能掌握目标。通过系统性的课程学习，让学生掌握基本的篮球运动技能，如传球、接球、运球、投篮等单个或组合动作；掌握篮球游戏或比赛的规则和要求；知道简单的体能训练方法，如运球折返跑、交叉跑等。

第三，以球育德，即健全人格培养目标。篮球课程肩负着教学与育德的双重责任，通过课程的学习培养和发展学生的体育学科核心素养，让学生感悟篮球的丰富内涵和魅力，培养学生团结协作、自信坚韧的意志品质。

2.课程内容

学校篮球课程遵循"循序渐进，由易到难，由简到繁"的教学原则。第一，根据学生年级的不同，划分三级水平，分别为水平一、水平二、水平三。第二，根据男生和女生在性别、体能方面的差异特点，分成女子篮球课程和男子篮球课程，让篮球课程更具人性化、操作性、适切性。第三，根据技术动作难易程度分类，如基本姿势、脚步移动、运球技术、传接球技术、投篮技术、突破技术、防守技术等，依据各年级学生的不同水平进行教学。

3. 课程实施

《义务教育体育与健康课程标准（2022年版）》强调，要"依据学生的学习需求和兴趣爱好，面向全体学生，落实'教会、勤练、常赛'要求，注重'学、练、赛'一体化教学"。"学"的主体虽然是学生，但实际上是指学生能够在教师科学性、针对性的引导下做到从无到有、从生疏到熟练，因此"学"实际上是对教师提出的要求，即教师要钻研教材，要了解学生的实际学情，进而设计教学策略。"练"是指学生能够在教师的引导、启发下有效运用针对性练习方式，掌握相关运动技能。"赛"是指教师能够利用不同的比赛活动激发学生的热情，促进学生在比赛中增强对运动技能的理解与掌握。"学、练、赛"一体化教学模式不仅充分凸显了学生的主体地位，还对教师如何指导教学起到了引领作用。

学校的篮球课程坚持"学、练、赛"一体化教学模式，在实施过程中采取六大策略：第一，遵循主体性原则，优化教学情境；第二，遵循灵活性原则，引导环节互补；第三，遵循丰富性原则，设计多元形式；第四，遵循层次性原则，优化合作内容；第五，遵循独特性原则，加强师生互动；第六，遵循综合性原则，优化评价模式。

（二）课程案例：篮球持球突破教学

1. 指导思想

本课以课程标准为依据，以"健康第一"为指导思想，以学生发展为中心，关注学生的不同需求，激发学生的学习兴趣，在教学中引导学生善于探究、勇于思考、懂得合作学习。通过课程的学习发展学生的速度、爆发力、协调性和灵敏素质，增强学生运动能力，引导学生形成积极主动的学习与生活态度。

2. 教学内容分析

篮球是一项集技术、速度和耐力为基础的团队配合的项目，通过持球突破单元技术的学习，既能提高学生篮球技战术的能力，又能充分培养学生在篮球运动中的团结合作精神。

3. 教学目标

第一，学会"顺步"与"交叉步"两种持球突破的动作要领，掌握突破的时机与突破后投篮或分球的合理运用。

第二，发展学生的灵敏性、柔韧性、爆发力和体能等身体综合素质，培养学生的合作意识。

第三，增强学生运动能力，引导学生养成良好的体育锻炼习惯，提高运动安全意识，形成积极主动的学习态度和生活态度。

4.教学重难点

重点：持球突破的技术与应用。

难点：注意突破的时机以及突破后投篮或分球的合理运用。

5.教学模式

教师通过示范讲解，指导学生使用正确的练习方法，在学生练习过程中及时给予指导和鼓励；同时，还安排学生根据要求进行教学比赛，指导学生在比赛中的技战术运用。

6.安全措施

第一，保证场地干净（不打滑）。

第二，加强学生运动安全教育，准备活动充分。

第三，练习时控制好场上的秩序，以免发生碰撞事故。

7.课时安排

具体的课时安排见下表（表2-13）。

表2-13 课时安排

课时	达成目标	学习内容	组织形式	学生活动	教师活动
第一课时	①让学生了解持球突破在比赛中的作用，初步掌握顺步突破技术动作；②养成良好的体育锻炼习惯，学会合作学习	①介绍持球突破在比赛中的作用；②学习顺步突破技术动作；③体能练习	主要采用集中讲解和分组练习的教学模式	①球性练习；②4人一组以雪糕桶为障碍物进行顺步突破练习，初步建立持球突破的概念；③增加防守对抗突破练习；④体能练习	①教师示范讲解技术要领，强调重点、难点及易犯错误；②组织学生分组练习，从旁及时指导
第二课时	①让学生进一步掌握顺步突破的技术动作；②学生在比赛中能运用顺步突破技术，并能掌握突破后上篮与分球的时机；③培养学生的合作意识	①改进顺步突破技术；②教学比赛中突破与分球的应用；③体能练习	主要采用集中讲解和分组练习与教学比赛形式的教学模式	①认真听教师的讲解示范，有疑问及时提出；②分组对抗练习；③比赛运用练习；④体能练习	①教师示范讲解技术要领，强调重点、难点及易犯错误；②组织学生分组练习，从旁及时指导

续表

课时	达成目标	学习内容	组织形式	学生活动	教师活动
第三课时	①初步掌握交叉步突破技术动作，并能够在比赛中运用突破后上篮或分球的技术组合；②让学生养成科学锻炼习惯，能主动积极参加校内外的体育锻炼；③培养学生拼搏进取和团结协作的精神	①学习交叉步突破技术动作；②教学比赛，体现突破技术的组合运用；③体能练习	主要采用集中讲解和分组练习与教学比赛形式的教学模式	①认真听教师示范讲解，集中练习动作；②分组进行练习；③小组比赛，突破动作技术的合理运用；④体能练习	①教师示范讲解技术要领，强调重点、难点及易犯错误；②组织学生分组练习，从旁及时指导；③组织学生进行比赛前的练习
第四课时	①改进持球突破技术，提高学生的实战能力；②组织教学比赛，增强学生团队配合力度	①两种步法突破技术复习；②了解比赛规则，进行教学比赛；③体能练习	主要采用集中讲解和分组练习与教学比赛形式的教学模式	①两种突破技术练习；②教学比赛；③体能练习	①教师示范讲解技术要领，强调重点、难点及易犯错误；②组织学生分组练习，从旁及时指导；③组织学生进行教学比赛

8.课时案例：持球交叉步突破教学

（1）教学重难点。

重点：蹬跨，转体探肩，蹬地运球加速。

难点：蹬跨动作的突然性，肢体的协调性与配合。

（2）教学顺序。

课堂常规→动态体能热身→教师示范讲解→团队小组自主练习与学习（教师指导）→教学比赛→体能练习→静力拉伸放松和小结→收拾器材→下课。

（3）教学设计。

教学设计的内容见下表（表2-14）。

表2-14 持球交叉步突破教学设计

教学阶段	时间	达成目标	负荷	教学内容	教学策略	学生学习	
导入阶段	1分钟	①让学生明确本堂课要学习的主要内容，调整好学习状态；②培养学生养成良好的纪律作风	小	①集合整队，体育委员报告上课人数，师生问好；②教师宣布本堂课的目标、内容和要求，安排见习生	①师生问好，教师提出本堂课的教学目标、内容和要求；②引导学生进入学习状态	①体育委员集合整队；②集中精神听讲，调整状态	集合要求：快、静、齐
导入阶段	5分钟	①通过动态体能拉伸练习，学生充分活动身体各关节及韧带，预防运动损伤；②通过球性练习，引导学生进入学习状态，使机体达到热身的效果	小	结合球性练习的动态体能热身：①行进间正踢腿、侧踢腿、胯下击掌；②转髋跳；③侧身跳；④持球行进间绕肩；⑤行进间胯下绕球；⑥运球急停急起	①强调，动作到位，提示与引导学生做到动作协调、充分、舒展有力；②组织学生有序进行热身	①动作到位，充分活动各关节，预防运动损伤；②根据教师口令的提示，积极参与练习，动作舒展到位，注意距离的控制，预防碰撞，大胆展示自己的水平	①全体学生在教师的指导下进行热身；②集中注意力，提起精神，为课程做好准备
分组学练	15分钟	①通过练习，学生掌握持球交叉步突破技术，提高控制球的能力；②发展学生的爆发力和灵敏性、协调性等身体素质；③使学生明确突破运球的重要性，把握好节奏；④培养学生团结协作的精神	中	学习持球交叉步突破技术：①动作要领：以右脚作中枢脚为例。准备姿势呈两脚左右开立，两膝微屈，持球于胸前。突破时左脚先向左跨出一小步（假动作），而后，左脚前脚掌内侧用力蹬地，同时上体向左侧转，左肩下	①教师示范讲解持球交叉步突破技术的动作，强调重点难点和易犯错误；②学生分组进行学练；③教师做好指导和引导	①学生分成8个小组，在组长带领下进行交叉步突破技术的学练；②加强团队配合意识，提高练习的质量；③各小组根据成员的运动技能水平，适当增加练习的难度与调整技术组合	①原地跟教师一起体会持球交叉步突破技术的动作要领；②分组练习，以雪糕桶为障碍，学生自抛自接球后做突破练习；③接同学传球做突破练习，传球队员上前做协助式的防守；④增加防守对抗，队员从底角三分线

75

续表

教学阶段	时间	达成目标	负荷	教学内容	教学策略	学生学习
分组学练				压，使身体向前方跨出，将球引向右侧并运球，使球落于左脚侧前方。此时，中枢脚蹬地上步继续运球前进超越对手。②易犯错误：第一步跨步太小，不能摆脱对手，突破时没有转探，并绕开防守者，重心过高，中枢脚移动		位置拉出45度位置，接传球后做持球突破上篮或分球练习，负责传球的同学看准切入时机，准备接回传球
	8分钟	①通过教学比赛，让学生在比赛中体会持球交叉步突破技术，以及突破后上篮和分球的技术配合，强化比赛技术组合运用意识；②培养学生学以致用的意识和团结协作的精神；③遵守比赛规则，引导学生要有诚实的优良品质	大	教学比赛：学生分组比赛，半场4对4比赛。进两球获胜制，输队下场轮换。要求：进攻方的队员接球后尽可能突破上篮或传球，加强技战术的组合运用	①教师讲解比赛规则；②教师巡回观察，发现问题并及时指导；③提出安全问题和保障措施	①4人为一组，由小组长负责组织队员探讨攻防战术的应用；②遵守规则，认真参加比赛，加强配合，勇于拼搏 认真防守，合理运用技术

续表

教学阶段	时间	达成目标	负荷	教学内容	教学策略	学生学习	
分组学练	7分钟	①通过核心力量体能练习，发展学生的上下肢和腰腹力量，提高投篮的稳定性及命中率；②通过练习，培养学生的拼搏进取和团结协作的精神	大	核心力量体能练习：①俄罗斯转体；②屈膝卷腹；③登山跑；④平板支撑提腿；⑤侧手板支撑提腿。注意事项：动作规范，坚持完成	①组织学生进行练习；②用语言提示，鼓励学生克服困难；③教师用统一指令进行动作转换，随时观察及监督	①学生排好队列整体进行练习；②认真积极地参与练习，动作到位；③大胆展示个人身体素质；④学生之间相互鼓励，团结进取	认真练习
调整阶段	4分钟	①指导学生放松身心，消除运动疲劳，培养学生养成良好的放松习惯；②引导学生学会总结经验，发扬优点，改正缺点	小	①让学生静态拉伸，均衡呼吸，动作柔和、舒缓；②小结本课，宣布下课	①带领学生静力拉伸，用语言提示放松要领；②对本节课的教学情况进行小结，收拾器材	①调整呼吸，放松身心，跟随教师做放松动作；②以愉快的心情讨论学习情况，自评与互评	放松、总结
预计运动负荷		平均心率：140次/分钟左右。练习密度：85%左右					

总的来说，在"学、练、赛"的教学模式下，篮球课程在校园中焕发活力，散发着新时代少年的蓬勃朝气和竞技热情。居家时，篮球运动成为学生居家锻炼的方式之一，有效促进了学生的身心健康与体能提升；在校园，学生积极参与课程的学习，踊跃参加校内外比赛，展现着大岗学子积极向上、勇于挑战的青春风采。

三、毽球课程

毽球是我国传统民俗体育活动之一。1998年，大岗中学作为番禺区教育系统重点推广毽球运动的学校之一，学校体育科组长赴武汉体育学院学习毽球，学成归来在番禺区率先开展毽球项目。1998—2000年，学校举办了番禺区的毽球单踢、对踢比赛。在此基础上，2000年，学校组建了毽球队，常年坚持对学生进行毽球训练，坚持参加市、区的毽球比赛并屡获佳绩。学校的毽球特色项目可分为以下几个阶段：1998—2000年初建、2001—2003年成长、2004—2010年壮大、2011—2013年变革、2014—2016年创新、2017年至今发展。

开展课堂教学是学校普及毽球的基本形式，组织各种比赛是开展特色项目的关键，参加各级比赛是我们的成功之路，外出学习交流比赛是对特色项目的宣扬和拓展。在场地保障方面，学校有专门用于练习毽球的场地22~25个。每年投入经费专用于购买毽球器材、聘请高水平教练辅助比赛、与外校交流。

学校以年级为基本单位，每个体育教师注重自己所带班级，注重培养年龄梯队，在每天下午及课间操时对体训队的学生进行体能训练，利用体育训练时段对体训队学生进行指导。一方面培养学生的运动兴趣，另一方面为学校参加各级举行的体育竞技比赛打好基础。学校特别注重群众性的毽球运动，教师不定期举办级际的男女子毽球赛。除了体育课之外，师生的各种比赛从未间断。每年举行一次全校的班际男女子毽球比赛，每学期开展各级师生毽球小竞赛，从各种比赛中发现潜在的毽球人才，并吸收入毽球队。此外，教练员注重抓好毽球队员的思想道德教育和文化学习，经常与班主任联系，了解队员的情况，文化课教师额外抽时间给毽球队员进行辅导，保证他们在学习上"不掉队"。

（一）课程概述

1. 课程思想

毽球课程坚持"健康第一"的指导思想，结合学生的年龄特点和身心发展特点开展教学。教学过程中，教师充分挖掘毽球运动的多种功能，发展学生的上、下肢力量和身体的协调性。该课程以丰富的游戏活动为主体，采用多种形式的教学方法，激发学生的运动兴趣，促进学生健康成长，培养学生团结友爱、合作互助等优良品质，培养学生养成终身锻炼的习惯。该课程力求给学生打造一个亲切、和谐、灵活、宽松的氛围，使学生真正体验到毽球运动的乐趣。

2. 课程目标

第一，培养学生对毽球运动的兴趣，组织和吸引更多的学生参加毽球运动训练。

第二，发展学生柔韧、协调、灵敏、速度等运动素质。

第三，让学生学习和掌握毽球运动的各项基础知识和基本技能，逐步培养学生的特长。

第四，在训练过程中努力培养学生守纪律、爱集体、懂礼貌、爱学习、勇于吃苦、意志顽强的优秀品质，使其能够全面地发展。

3.训练内容

（1）柔韧性练习。

第一，借助外界力量发展柔韧素质。训练方法主要有肩部的压、拉，腰部的甩、压，腿部的压、板等，但在进行被动的静力拉伸后，一般要再进行主动的动力拉伸练习，其方法主要有踢、摆、蹦、环绕等。

第二，在日常练习中把静力性拉伸与动力性拉伸结合起来进行。

（2）发球练习。

技巧：脚内侧发球、正脚背发球、脚外侧发球。

一场比赛是由发球开始的，通常采取脚背发球的方法。因为它较易掌握，而且稳定性高。结合场地特点，发球要有一定的远度和高度。在平时训练中，要注意发出的是合法球。

（3）基本脚法。

技巧：脚内侧踢球、脚外侧踢球、脚背踢球、触球。

接球常用的是脚侧接低落点球、胸顶高落点球。在平常训练中，学生存在立即挡回球给对方的误区。其实，接球的第一目标应该是控制球，俗称"停球"。如果将来势迅猛的球立即挡回去，容易造成失误，而利用停球技术，控制好来球后，取得主动权，才可以更好地组织有效的进攻。

传接球是毽球运动技术的重要部分，传球水平的高低，很大程度上决定了一支球队的竞赛水平。毽球运动的规则规定每名队员一个回合中最多可击球2次，因此传接球的成功率一定要高。传接球技术是球性练习的深入，它要求队员在移动中完成踢、触传球，要求有良好的意识，准确判断落点及快速反应能力。

（4）准备姿势。

左右开位站势、前后开位站势。

4.训练安排

第一课时：教师统计人数，熟悉学生对毽球的了解程度，让学生熟悉球性。

第二课时：教学毽球运动技术特点、准备姿势等。

第三课时：脚内侧踢球法，要求每人100次，5~6人为一组进行圆圈练习。

第四课时：脚外侧踢球练习，要求每人150次。

第五课时：大腿触球，身体挡球法，每2人一组一抛一接。

第六课时：各部位触球练习，每人100次，发球练习。

第七课时：脚内侧踢球法，要求每人100次，5～6人为一组进行圆圈练习、发球复习。

第八课时：脚内、外侧踢球法，要求每人100次，5～6人为一组进行圆圈练习，每2人一组互相踢球练习。

第九、十课时：学生作品展示，组织学生进行比赛（个人连续踢、小组连续踢、发球等）。

（二）课程案例：毽球脚内侧踢球传球[①]

1. 学情分析

初一学生具有一定的体育活动能力和认知水平，大部分学生都喜爱玩毽球运动，对毽球积极性很高，但对毽球活动的基本技术了解掌握得并不多，学生个体在体能、心理等方面的差异是显著的。在教学中如何调动学生的学习兴趣，如何使不同层面的学生都学有所得，如何让技能教学与乐趣教学相结合成为本课突破的方向。本课主要学习脚内侧踢球传球教学内容，并以循序渐进、分层、分组的教学方法，让每个学生都有所提高。

2. 教学重难点

重点：脚内侧踢球传球动作。

难点：踢球的脚型和击球部位。

3. 教学流程

课堂常规→准备活动（徒手操、慢跑、踢毽子）→学习脚内侧踢球传球→放松、小结、下课。

4. 教学设计

教学设计内容见下表（表2-15）。

表2-15 毽球脚内侧踢球传球教学内容

阶段	时间	达成目标	教学内容	学生活动	教师活动
开始部分	2分钟	建立良好师生关系，导入课题，培养组织纪律性	明确学习目标	①体育委员集合整队，向教师报告上课人数；②学生做到快、静、齐，精神饱满，认真听讲	①师生问好；②宣布本课的教学任务和内容，提出课堂要求和安全事项；③检查服装，安排见习生

[①] 案例来自广州市南沙大岗中学黄卫东老师。

续表

阶段	时间	达成目标	教学内容	学生活动	教师活动
准备部分	8分钟	①培养学生运动前进行准备活动的习惯；②各关节活动充分到位	①徒手操4×8拍：头部运动、扩胸运动、转体运动、弓步压腿、侧压腿、手腕、脚踝关节运动；②一路纵队绕篮球场慢跑；③熟悉球性：一人一毽，分散自由踢毽子	①在教师的指挥下练习；②按要求做好充分的准备活动	用口令指挥，肢体语言提示
基本部分	25分钟	①熟悉球性；②初步掌握脚内侧踢球传球技术；③发展灵敏、协调的身体素质；④培养团结、合作、自觉练习的良好习惯	①脚内侧踢球传球：一脚支撑体重，另一脚膝关节向外张，大腿向外转动，稍有上摆，不要过大，髋和膝关节放松，小腿向上摆，踢毽子时踝关节发力，脚放平，用内足弓部位踢球；②接力游戏	①脚内侧踢球传球：徒手原地模仿练习；一人一球，脚内侧踢用绳子悬挂的毽球；两人一球进行脚内侧隔网对踢；4—5人一组进行脚内侧踢球传球练习；优秀生示范。②游戏方法：分4组，听到发令后每组排头学生从起跑线跑到圆点标志物位置踢毽子5次；向前跑绕过雪糕圆筒折回到圆点标志物位置踢毽子5次，再跑回与第二位学生击掌；第二位学生与第一位学生练习相同，依此类推，直到最后一位学生完成为止	①讲解示范脚内侧踢球传球动作；引导学生自踢；教师巡视了解，指导鼓励学生练习；集体纠正和个别指导；师生点评。②教师示范与讲解游戏方法和规则；指挥学生进行游戏
结束部分	5分钟	整理放松	①放松操；②小结	①认真听讲；②相互评价	①评价归纳；②表扬激励
器材		篮球场1个、毽球40个、毽球架2—3副、胶线40条		运动量与练习密度预计	练习密度：50±5% 强度指数：1.5±0.1

体育教学是学校教学活动中不可缺少的一部分，新课程改革以来，培养学生的体育核心素养成为学校教学的重要方向之一。这要求体育教师要探索多种教学方法，真正将学生作为活动的主体，真正落实核心素养的培养工作。但是，学生的体育学科核心素养培育并非一节课或一个单元、一个学期就能完成的，需要经历一个长期持续的培育过程。因此，体育教师要在充分理解体育学科核心素养的基础上，本着对学生发展负责的态度，转变教学观念，根据学生的体育学习能力，遵循学生身心发展规律，发挥创造性思维，创设富有挑战性的学习环境，构建学生积极参与、乐于合作与探索的乐动体育课堂，让学生"动"得够、"动"得悦、"动"得活，在积极的参与和良好的体验中，循序渐进地发展体育学科核心素养，增进学生的身心健康。

第四节　有体：雅美课程

艺术教育是素质教育不可或缺的内容，其特点就在于它不是灌输式的，而是通过参与式、互动式的艺术活动调动人的兴趣、打动人的心灵，让人愉快地受到教育。艺术教育可帮助青少年学生明是非、知善恶、识美丑，对学生的人格成长、情感陶冶以及智能素养的提高有着越来越重要的价值。在信息时代，艺术不再局限于传统的剧场、戏院、音乐厅、美术馆，而是更为广泛地进入电视、网络等大众媒体。艺术的感受、想象、创造等能力，已成为现代社会需要的综合型人才不可缺少的素质。艺术课程是一门综合性的课程，不仅融合了音乐和美术，还将戏剧、舞蹈、影视等多种艺术形式纳入其中。

多年来，大岗中学以艺术教育为突破口，积极传承具有特色的校园文化，以开展丰富多彩的文艺活动为载体，灵活多样地开展艺术教育活动，培养了一大批校园艺术骨干，为师生的全面发展创造了良好的艺术氛围。学校重视学生在体、美、音方面的特长培养与发挥，善于发现人才，培养人才，同时注重硬件设施和师资的投入，用心把体艺教育打造成为大岗中学的品牌教育。

近年来，学校专门设立音乐班、美术班，在师生共同的努力拼搏下，学校的艺术类高考成绩喜人，成为大岗中学高考的一个亮点。通过长期有效的培训，大岗中学美术高考上本科率保持在50%以上，不少考生考入了中央美术学院、广州美术学院等重点高校。学校音乐高考辅导工作扎实，本科上线率高，上大专A线率更是100%，近几年多名考生考上省内外知名学府。

一、舞蹈艺术课程

舞蹈艺术是人类最早的艺术之一,是一切艺术行为之母,可以表现人类用言语无法表达的内在情感。《毛诗序》中说:"情动于中而形于言,言之不足,故嗟叹之;嗟叹之不足,故永歌之;永歌之不足,不知手之舞之,足之蹈之也。"这说明在某种程度上舞蹈抒发感情的效果比诗歌和音乐更为显著。

舞蹈不仅仅停留在艺术审美功能上,其健身修身功能更应被重视。跳舞有社交的属性,有缓解压力的功效,能够让人的业余活动更加丰富多彩。舞蹈教育能有效地培养学生健康向上的审美情趣,激发其创造能力,是实施素质教育、形成素质教育功效的良好途径之一,在青少年成长过程中有着重要意义和作用。

(一) 课程目标

大岗中学努力用科学的教学理念确保舞蹈艺术的正向传递,让学生在学习中领悟理乐的同时,提升身体素质,培养审美能力,培养道德心理。

身体素质提升:通过舞蹈训练,增强学生的体能、柔韧性、协调性和平衡能力,促进身体健康发展。审美能力培养:培养学生对舞蹈艺术的欣赏能力和审美情趣,提高他们的审美素养。情感与心理发展:通过舞蹈表达情感,帮助学生调节情绪,增强自信心和自我表达能力,促进心理健康。社交与合作能力:在舞蹈学习和表演中,培养学生的团队合作精神和社交能力,增强集体荣誉感。文化与艺术传承:了解并传承舞蹈文化,增强对多元文化的认识和尊重。

(二) 课程内容

舞蹈课程内容通常包括以下几个阶段。

1. 基础阶段

认识舞蹈:介绍舞蹈的基本概念和分类,让学生对舞蹈有初步的了解。

基本功训练:包括身体柔韧性、力量、协调性等方面的训练,如压腿、踢腿、下腰等基本功练习。

2. 技能提升阶段

舞蹈动作学习:学习不同舞蹈风格的基本动作和组合,如民族舞、现代舞、街舞等。

舞蹈表现力培养:通过面部表情、眼神交流等方式,提升舞蹈的情感表达和舞台表现力。

3. 综合应用阶段

完整舞蹈学习:学习并排练完整的舞蹈作品,包括舞蹈的编排、音乐的选择和舞台表现等。

舞蹈创作与表演：鼓励学生进行舞蹈创作，培养他们的创新能力和艺术表现力。

（三）课程实施

课堂教学：采用教师讲解、示范，学生模仿、分组练习等方式进行教学，确保每个学生都能掌握舞蹈动作和技巧。

课外训练：利用课余时间进行强化训练，巩固课堂所学内容，提升舞蹈水平。

展示与交流：定期组织舞蹈展示活动，如校际舞蹈比赛、文艺会演等，让学生有机会展示自己的舞蹈才华，增强自信心和表演欲。

家校合作：与家长保持密切沟通，共同关注学生的学习和成长，鼓励他们积极参与舞蹈课程的学习和表演。

★广场舞学练活动案例

为了进一步丰富课余活动，更好地促进学生的身心健康，增强学生体质和学生的集体主义荣誉感，充分展示班级风貌，大岗中学每年都开展广场舞学练活动，音乐科组利用音乐课堂对各班进行详细认真的教学，学生经过两个月的课堂学习，基本掌握了舞蹈的各个动作要领。

为了检查各班的学练效果和让学生展示各班的舞蹈风采，学校开展校园校际舞蹈比赛，比赛活动设计方案如下。

1. 活动背景

随着文化艺术教育日益受到重视，舞蹈作为表达情感、展现青春活力的重要艺术形式，在中学生中广受欢迎。为了丰富学生的校园文化生活，提升学生的艺术修养和团队协作能力，促进各校之间的文化交流与友谊，特举办中学生校际舞蹈比赛。

2. 活动目标

一是提供一个展示中学生舞蹈才华的平台，激发学生的艺术创造力和表演欲；二是增进各校之间的交流与了解，促进校际友谊；三是提升学生的舞蹈技能和舞台表现力，增强自信心；四是推广舞蹈艺术，丰富校园文化生活。

3. 活动时间与地点

时间：选择周末或学校放假期间进行，确保参赛学校、学生有足够的时间准备和参赛。

地点：学校礼堂，确保舞台效果和观众体验。

4. 参赛对象与分组

参赛对象：各校学生，以班级为单位组队参赛。

5. 比赛项目与规则

比赛项目：团体舞（每队人数根据舞蹈类型和规则确定）；独舞（可选，为有特殊才艺的学生提供展示机会）。

比赛规则：参赛队伍需提前提交舞蹈作品名称、简介及音乐伴奏。舞蹈内容需健康向上，符合中学生身份和比赛主题。舞蹈时长、人数等需符合各舞蹈类型的具体要求。比赛采用现场打分制，评委根据舞蹈创意、技巧、表现力、团队协作等方面进行评分。评委由专业舞蹈教师、艺术团体代表及学生代表组成，确保评分的公正性和权威性。

6. 活动流程

宣传报名：通过学校官网、社交媒体、海报等多种渠道发布比赛信息，吸引各校参赛。

报名审核：对报名队伍进行资格审核，确定参赛名单。

赛前准备：组织参赛队伍进行排练，确保舞蹈作品的完整性和舞台效果。

比赛日：①开幕式——简短致辞，介绍比赛目的、规则和参赛队伍。②舞蹈比赛——按照预定赛程进行比赛，每支队伍表演结束后，评委进行打分。③中场休息——穿插舞蹈欣赏、观众互动等环节，增加比赛趣味性。④颁奖仪式——根据评委打分结果，颁发奖项并合影留念。

闭幕式：总结比赛情况，感谢参赛队伍和工作人员的付出。

后期宣传：通过媒体渠道发布比赛精彩瞬间、获奖名单等，扩大活动影响力。

7. 奖项设置

团体舞金奖、银奖、铜奖若干名；最佳创意奖、最佳技巧奖、最佳表现力奖等单项奖；优秀组织奖、最佳人气奖等特别奖项（根据实际情况设置）。

8. 活动预算与物资准备

预算：包括场地租赁费、舞台布置费、音响设备费、奖品费用、宣传费用等。需提前向各参与学校筹集或申请活动经费。

物资准备：舞台布置材料（如背景板、灯光、音响等）；奖品（奖杯、证书、纪念品等）；宣传材料（海报、横幅、传单等）；其他（急救包、饮用水、观众座椅等）。

9. 安全保障措施

确保比赛场地安全，无安全隐患。参赛队员需穿着适合的运动装备和舞蹈服装，避免受伤。配备专业医护人员和急救设备，应对突发情况。加强现场秩序管理，确保观众和参赛队员的安全。

这场比赛现场气氛热烈，学生精神状态饱满，衣着整齐，各班全部参与，参与度高。大部分班级每节动作力度大、整齐、韵律感强，效果佳。比赛给同学们留下了美好的校园生活回忆，也成为大岗中学一道亮丽的风景线。

实践证明，舞蹈课程在提升学生身体素质、促进智力与综合素质发展、促进心理健康与情感发展、增强社会交往与团队协作能力等方面都具有重要的意义。学校将继续重视舞蹈课程的开设和推广，为学生提供更多元化的学习和发展机会。

二、艺术素养课程

美术是反映人类现实生活情感的艺术。为了使学生感受并欣赏生活、自然、艺术和科学中的美，培养健康的审美情趣，学校开设了丰富多样的美术类课程。一方面，努力通过审美教育，拓展学生的艺术思维，提高他们的审美水平；另一方面，筑起多彩的艺术舞台，鼓励学生积极参加艺术活动，学习用多种方式进行艺术表现。

（一）课程目标

通过开展美术活动课程，陶冶学生的情操，提高他们的审美水平，引导学生参与文化的传承与交流，发展他们的感知能力和初步的形象思维能力，从而形成创新精神和审美意识，促进个性形成和全面发展。

（二）课程内容

艺术审美素养活动课程基本内容包括艺术知识、艺术欣赏、艺术创作三部分（图2-5）。

艺术知识包括艺术理论、艺术史。该课程以经典艺术作品为引，再加以故事形式辅助，让学生对艺术的发展历程、相关流派和其代表性作品有所理解，对艺术相关理论有粗浅的认知。

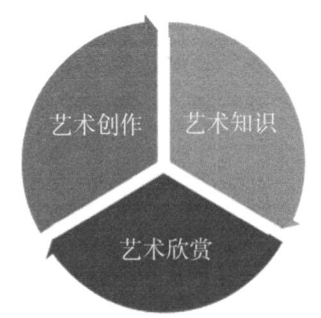

图2-5 艺术审美素养活动课程内容

艺术欣赏包括对艺术作品的思想性和艺术性的感受和鉴赏能力。

艺术创作包括创作艺术作品的构思和表达能力，如敏锐的感受能力、丰富的艺术想象力、精湛的艺术技巧。培养学生的艺术创作能力，不仅要让学生在艺术技法上下功夫，更要通过巧妙的活动设计提高学生的感受能力和想象能力。以七年级"妙笔生辉"单元主题教学设计为例,学校设计了若干主题,围绕主题设置了相应的教学内容,引导学生走进艺术世界(表2-16)。

表2-16 "妙笔生辉"单元主题教学内容

单元	主题	内容安排
妙笔生辉	我喜欢的绘画风格	展示古今中外的绘画流派,让学生选择喜欢的风格,并说出原因和它带给自己的感受
	我会分辨绘画种类	通过展示不同画具的绘画,引导学生分辨不同画具的作画效果及其表现力的差异
	我用颜色施魔法	介绍三原色、冷暖色等知识,引导学生把不同的颜色混合成新的颜色,选择恰当的颜色来表现自己的内心情感,体验颜色的"魔法"
	用色彩装点生活	美术融入生活,引导学生给服装、家居等设计配色,学会协调色彩搭配
	让我为您画张画	为自己感谢的人画张画,运用恰当的颜色、线条来表达感激之情

★**插花活动案例**[①]

1. 活动背景

学生参与一系列的植物栽培活动,不仅掌握了劳动技能,还体会到劳动的价值所在——既是辛勤的付出,也是满满的收获。长期处于紧张状态的高中学习生活往往会导致学生产生倦怠情绪,班级氛围也可能因此变得沉闷,我们需要寻找一种方式,让学生在活动中释放累积的学习压力,重拾活力与欢笑。

为此,学校策划了一场插花活动,旨在通过轻松有趣的游戏环节,让学生在参与中开怀大笑,这不仅能增进同学间的友谊,还能在笑声中有效缓解精神压力,重新焕发学习与生活的热情。这样的活动不仅能够促进学生的身心健康,还能为他们的校园生活增添一抹亮丽的色彩。

2. 活动目标

以小组竞赛的方式,让学生在游戏活动中,通过团队合作共同完成插花作品,释放学习压力,恢复活力。

3. 活动内容

以小组竞赛的形式,完成一个插花作品。

---

① 案例来自广州市南沙大岗中学林文乔、陈玉珺、朱庆璋老师。

4. 活动准备

事先准备好十几种不同颜色的花卉切花，由学生带回来花瓶、布置好课室及制作相应课件。

5. 活动过程

（1）导入环节。

师：大家跟着老师一起学习，一起劳动，一起创作。老师知道大家最近学习很辛苦，今天我们放松一下，来进行插花比赛。

生：不会吧！我们还要比赛！

师：其实，我们就是玩一个游戏。花由老师提供，大家分好小组，每个小组完成一个插花作品。为了提高活动的刺激性，我们插入一个选花的环节——首先，每个小组在2分钟内观察眼前的花，商量好要拿什么花。其次，每个小组以抽签形式决定选花顺序，每组有1分15秒的时间任意地拿眼前的花。排在前面的小组，能够选择的花卉会更多。所有小组第一轮选择完成后，将重新抽签决定第二轮选花顺序。你们小组拿到花一定要用好，不能浪费！同时，有些小组没有选定心仪的花，可以跟其他小组交换。

（2）环节一：自由分组。

30个成员自由分成6个小组，并选出小组长。

（3）环节二：挑选切花环节。

①教师向同学们介绍各种切花的寓意、插花的注意事项。

②同学们观察桌面上给出的花卉品种、株型、颜色及小组花瓶。小组内商量将选择心仪的切花。每个小组完成插花作品。(2分钟)

各小组组长通过抽签形式，确定挑选切花的顺序。(约10分钟)

花卉的材料及花瓶的外观差异性较大，好的造型能增加对学生的吸引力，提高活动的竞争性。当学生看中的材料被选走后，学生需要及时调整策略。

活动意图：以游戏的形式让组长挑选花盆和石斛，增加活动的趣味性，提高学生的积极性。同时，花卉的材料及花瓶的外观差异性较大，有助于提高活动的竞争性。小组长和队员需要根据现有材料及时调整策略，增加活动的观赏性。

（4）环节三：小组活动。

每2个小组进行"拿一样，给一样"的活动。(4分钟)

例如，第一小组学生代表到第二小组那里拿走一样东西，同时送给对方一样东西。在这个环节，小组可以通过"拿一样"解决在选材环节所拿材料不理想的问题，同时通过"给一样"给对方小组设置障碍或是给对方小组以帮助。同样，第二小组同学到第三小组进行"拿一样，给一样"，最后，第六小组再到第一小组。以此形成一个循环。

活动意图：通过"拿一样，给一样"环节，学生之前拿到的材料并不是最终的，存在变数及不确定性。各小组需要提防对方拿走心仪的材料，又想拿走对方心仪的材料，提高游戏的刺激性，把活动气氛提升到高潮。

（5）环节四：插花比赛活动。

（6）环节五：学生作品展示。

（7）环节六：用作品装点教室。

活动意图：让学生展示劳动成果，通过对学生作品的点评提高学生劳动的成就感和幸福感。教师指出学生活动中存在的不足，促进学生技能的提升。

第五节 有为：勤勉课程

劳动教育和生涯教育作为教育体系中的重要组成部分，两者都通过实践活动来增强学生的体验和认知，旨在促进学生的全面发展，提高学生的社会适应能力。大岗中学将劳动教育和生涯教育纳入学校的勤勉课程体系中，通过劳动教育，培养学生的劳动观念、劳动技能和劳动习惯，提高他们的身体素质、心理素质和道德品质，培养学生实际的工作能力和职业素养；通过生涯教育，让学生更加清晰地认识到自己的职业兴趣和目标。

一、"校内小农田"课程

由于多种因素的综合影响，中学生在日常生活中的劳动机会减少，劳动意识逐渐淡化，导致部分学生不会劳动、轻视劳动，甚至不珍惜劳动成果的现象出现。有效培养学生树立正确的劳动观念，增强劳动意识，并从小养成热爱劳动的良好习惯，已成为教育领域一项重要且紧迫的任务。2020 年 3 月，中共中央、国务院印发《关于全面加强新时代大中小学劳动教育的意见》，特别指出，"普通高中要注重围绕丰富职业体验，开展服务性劳动、参加生产劳动，使学生熟练掌握一定劳动技能，理解劳动创造价值，具有劳动自立意识和主动服务他人、服务社会的情怀"。

大岗中学认识到劳动教育的重要性，因此一直积极探索实践教育的方式，让学生在劳动中增长知识、积累经验，让学生在劳动中学会思考、学会创造、学会合作，亲身体验到劳动的价值与乐趣，树立起尊重劳动、热爱劳动的正确观念，进而培养他们的责任感、独立性和自我管理能力。

为了深入贯彻劳动教育理念，学校在精心打造绿色生态校园的同时，积极开展了"校内小农田"建设项目。这一举措旨在系统性地引领学生投身于日常生活劳动、生产性劳动及服务性劳动之中，通过亲身体验，让学生深刻理解劳动对创造幸福生活的核心价值，进而激发并强化其家庭责任感。同时，通过劳动实践，学生能够深刻认识到劳动不仅是个人成长的基石，更是国家繁荣昌盛、人类文明进步的强大动力，从而树立起尊重每一位劳动者、平等看待各行各业劳动岗位的崇高观念，并自觉地向那些在劳动中展现出卓越精神的榜样学习。

此外，小农田的建设还旨在培养学生的初步职业认知与生涯规划意识，让他们在参与劳动的过程中，逐步明确个人兴趣与潜能所在，为未来的人生道路奠定坚实基础。同时，劳动中的协作与付出也促进了学生公共服务意识和社会责任感的提升，学生学会了在劳动中注重劳动效率和劳动质量，这将是伴随他们一生的宝贵财富。

（一）课程目标

学生可通过种植活动体会到农田种植的艰辛，学会小组合作的重要性，感知"粒粒皆辛苦"，懂得珍惜粮食、爱护粮食。

学生可通过蝴蝶兰、大岩桐等花卉的种植活动，从生活中发现美，从劳动中发现美，培养学生热爱生活、热爱劳动的情操；学会爱护环境，实践绿色生活方式，勇于担当社会责任。

（二）实施策略

1. 实施地点和种植内容

种植园的两个选址均位于校园内。

选址1：校园东南侧、向阳（共98平方米），主要种植玉米、花生、向日葵等。

选址2：校园东南侧生物园绿色小棚内（一面是山，另一面是高楼），适合种植阴生或半阴生植物（共17.1平方米），主要种植蝴蝶兰、非洲堇、大岩桐、秋石斛、吊竹梅等。

2. 实施时间

每周星期三第九节课为社团活动时间。

3. 实施方案

以社团的形式开展活动。

第一周（宣传阶段）：学校撰写活动计划和方案，在校内广泛宣传，招募学生成员。

第二周（分组阶段）：学生按照人数进行分组（5~7人一组），丈量土地，把小农田划分为10个模块，拔除花败后的向日葵（原地种有向日葵），收集向日葵果实，清除杂草，任务包干到个人。

第三周（理论学习阶段）：学生认识玉米、花生、向日葵、蝴蝶兰、非洲堇、大岩桐等植物的生长特点，学习种植的基本知识、劳动过程中的安全注意事项；认识轮作、间作的意义，学习如何通过种植农作物改良土壤。

第四周（劳动实施阶段）：学生利用劳动工具，疏松土壤；学生修剪和栽种春节后的蝴蝶兰（开完花的），栽种大岩桐。

第五周（劳动实施阶段）：学生整理小菜园田地；根据种植计划，将田地划分成十行小田地。

第八周（劳动实施阶段）：播种。从北往南，第一、二小组种植花生，第三、四小组种植玉米种子，第五小组种植香芋、南瓜和花生。在种植过程中，教师教会学生分工合作共同完成任务，并提醒学生种子与种子之间的行距和间距大小，种植完毕后浇水定植。这项活动主要是培养学生小组合作精神。

第九周（观察记录阶段）：教会学生善于细心观察，观察和记录种子萌发的时间及其生长特点。

第十至十七周（常规管理阶段）：学生定期除草和施肥，收获成果，撰写成果日记。

4. 实施过程

首先，派发"食农"宝盒，每个盒子里都有一批劳动工具、种子、有机肥、"秾·可食地景课题组"建设的课程指导书（《校园有机农圃工具包》《好吃的校园》等）及其配套资源包，学生正式开展校园小农田建设（图2-6、图2-7）。

图2-6 小农田雏形

图2-7 学生进行开荒

接着,学生集思广益选择适合当季的种子进行种植,所有种植的作物都是有寓意的。如"斗"(豆)志昂然、一路"生"(生菜)花、我们是最"棒"(玉米棒)的。

学生以小组的形式,共同设计本小组的"特色名牌",分工合作共同管理一块小农田(图2-8)。学生利用社团课、课余时间学习科学种植、耕作的方法,学习督导团教师的"懒人自然农法",将厨余垃圾回归农田进行有机种植,践行环保健康的理念。在这过程中,学生用双手改变了荒芜的农田,让它由贫瘠的黄色逐渐变成充满生机活力的绿色。

图2-8 各小组设计的"特色名牌"

在课程实施过程中,学校巧妙融入环保教育理念,倡导"物尽其用,变废为宝"的绿色生活理念。学生利用废弃的一次性饭盒、塑料杯、矿泉水瓶等物品,摇身一变成为创意花盆,种植起蝴蝶兰、石斛、非洲堇、大岩桐等植物。这样的做法不仅赋予了废弃物新的生命,还教会了学生如何妥善处理"过年后"的蝴蝶兰，确保美丽得以延续，有效防止了资源浪费。

通过有关小农田的一系列实践活动，学生不仅学会了种植技巧，更在侍弄植物的过程中陶冶了性情，培养了责任感与担当精神。劳动实践成为学生成长的沃土，以劳树德，让学生在劳动中学会尊重与感恩；以劳增智，培养学生的创新思维与问题解决能力；以劳强体，锻炼学生的体魄与耐力；以劳益美，提升学生的审美情趣与艺术修养；以劳创新，鼓励学生勇于尝试，不断探索未知领域。这有助于推动学生的全面发展，并引导他们形成正确的劳动观念，让他们认识到劳动不仅是维持生计的基础，更是实现自我价值、回馈社会的重要方式。

★石斛栽培活动案例[①]

1. 活动背景

学生曾经参加了一系列石斛栽培活动，已经具备了石斛栽培技能。学生在学期的第二次段考后，普遍显现出身心疲惫、学习状态略有下滑的迹象。为了有效帮助学生释放累积的学习压力，缓解紧绷的精神状态，重新焕发活力与笑容，我们特别设计了本节以"比赛"为主题的趣味活动课。在活动中，我们将充分利用学生对石斛等植物的热爱与栽培技能，融入轻松愉快的竞赛元素，让学生能够暂时忘却学习的重压，在互动中增进友谊，提升团队协作能力，同时进一步激发他们对自然与生活的热爱。

2. 活动目标

以小组竞赛的方式，让学生在游戏活动中，通过团队合作，共同完成石斛栽种，释放学习压力，恢复活力。

3. 活动内容

以小组竞赛的形式，完成石斛的移植与盆栽。

4. 活动准备

事先准备好9份不同品种的石斛裸苗、大大小小各式各样的废弃花盆、中粒及细粒的松树皮、水苔，布置好课室及制作相应课件。

5. 活动过程

（1）导入环节。

师：大家刚刚考完高二第二次段考，老师知道大家很累。现在，我们来进行石斛的栽培技能比赛。

生：不会吧！还有技能比赛！

[①] 案例来自广州市南沙大岗中学林文乔老师。

师：其实我们就是玩一个游戏。第一名可以得到老师煲的"石斛鸡汤"，第二名可以得到"花饼"，第三名可以得到"菊花茶"，第四名可以得到"白开水"。

（2）环节一：自由分组。

14个成员自由分成4个小组，并选出小组长。

（3）环节二：挑选石斛、花盆环节。（2分钟）

①学生观察桌面上给出的石斛品种、株型、基质及花盆（图2-9）。

②小组内商量将选择的石斛及花盆，每小组将完成两个作品。

图2-9 材料

③各小组组长通过剪刀、石头、布猜拳游戏，确定挑选石斛和花盆的顺序（每次只能挑选一种石斛和一个花盆）。（8分钟）

通过游戏的形式，组长挑选花盆和石斛，增加活动的趣味性，提高学生的积极性。

（4）环节三："拿一样，给一样"活动。（8分钟）

每2个小组进行"拿一样，给一样"的活动。

（5）环节四：石斛栽培比赛活动。

（6）环节五：教师对学生的作品进行点评。

让学生展示劳动成果，老师点评学生作品，对作品给予肯定，提高学生劳动的效能感，并指出学生活动中存在的不足，促进学生技能的提升。

6.活动反思

在学生刚结束紧张的第二次段考，普遍身心疲惫之际，我们精心策划了本次活动，旨在通过趣味横生的活动，帮助学生恢复活力，重拾学习热情。鉴于学生已具备一定的石斛栽培技能，我们特意准备了各式各样、大小不一的花盆、精选的石斛裸苗，以及松树皮、水苔、细麻绳等丰富的基质材料，整齐排列，营造出浓厚的比赛氛围。

在活动中，学生以游戏化的方式挑选材料，巧妙地为对手设置"栽培挑战"，同时小组内部紧密协作，共同面对并攻克难关。这一过程不仅充分展示了学生的劳动技能，还极大地锻炼了他们的团队协作与问题解决能力。在欢声笑语中，学生不仅有效缓解了学业带来的压力，还激发了他们对植物栽培的浓厚兴趣，调动了学习的积极性。

为确保本节课的顺利进行，我们事先进行了规划与准备。在材料选择上，我们注重环保与实用，收集了废弃花盆，准备松树皮、水苔、细麻绳，并精心挑选了易于成活、观赏性强的石斛裸苗；在课室布置上，我们将材料展示桌置于中央，学生小组环绕而坐，既便于观察学习，又促进了互动交流。

值得注意的是，本次活动仅为技能比赛的第一轮。学生需精心照料自己的作品，待其茁壮成长后，再迎来第二轮的比拼——石斛盆栽作品展示与评选。届时，我们将根据盆栽的长势、创意与美观度进行综合评判，并对优秀作品给予奖励。

二、生涯教育课程

随着新一轮高考改革的深化，学生拥有了更多自主选择的空间。新高考改革方案采用"3+1+2"模式，打破了传统的文理分科，从"套餐"变成"自助餐"，让学生能更多地根据自己的兴趣和能力去选择专业。但是，这也伴随着新的困惑——如何做出合适的选择？这一变化对中学阶段的生涯规划教育提出了更为迫切的需求。学校应当通过系统的生涯教育，帮助学生摆脱"发展迷茫、规划缺失、专业懵懂"的困境，激发他们的个性潜能，全面提升其综合素养，确保他们在未来的道路上能够自主导航，而非随波逐流，被社会的浪潮轻易左右。

2010年7月，《国家中长期教育改革和发展规划纲要（2010—2020年）》提出，要"建立学生发展指导制度，加强对学生的理想、心理、学业等多方面指导"。2014年12月，教育部发布《关于普通高中学业水平考试的实施意见》，明确提出"要加强学生生涯规划指导"。落实立德树人这一教育的根本任务，生涯教育是一个重要且有效的途径。大岗中学将生涯教育纳入立德树人的教育体系之中，以期帮助学生更好地规划自己的人生道路，培养他们的综合素质和社会责任感。

生涯教育是一项需要家庭、学校、社会三方联动的工作，是一项长期、复杂而重要的工作。大岗中学依托教师刘顺宜的名班主任工作室研究课题"'高中生涯教育'下主题家长会的设计与实践研究"进行探索，将高中生涯教育与主题家长会融合在一起,希望充分发挥家长的作用,切实提高学生生涯规划的能力,促进学生的全面健康发展,帮助学生实现自己的职业理想和人生价值。

(一) 课程意义

第一,促进学生的全面发展。生涯规划包括学业规划、专业规划、职业规划和人生规划四个方面的内容。以主题家长会的形式开展生涯教育,可以充分发挥家长这一支持系统的作用,它能让家长积极关注学生的生涯发展,做好生涯榜样,并提供必要的支持,引导学生参与社会实践、关注各种生涯资讯。在面临学生生涯重大决策之际,尊重学生的个人意愿,避免主观偏好的干预,确保选择的自主性。此外,家长的深度参与自然能洞察每位学生的独特之处,助力学生依据个人特质绘制人生蓝图,从而更有效地挖掘与释放个体潜能,实现自我价值的最大化,找到专属的成长轨迹,最终达成全面发展的目标。

第二,提升班主任的德育专业素养。在深入探索与实践"高中生涯教育"主题家长会的设计与实施时,班主任除了要秉持高度的职业责任感外,还要掌握扎实的专业理论与技巧。这包括对高中生涯教育宗旨、范畴、执行步骤及评估准则的深刻理解,对学生个体状况的精准把握,以及与家长建立高效、和谐沟通桥梁的能力,同时还应具备创意策划教育的能力。

第三,丰富国内高中生涯教育的实践研究。当前,国内有关普通高中生涯教育的研究基本停留在理论研究上,并且还存在理论研究本土化程度不够的问题,而具体的实践研究非常少。开展高中生涯教育主题家长会研究可以丰富当前国内高中生涯教育的实践研究。

(二) 课程实施

1. 更新家长生涯教育理念,让家长参与学校管理

学校通过开展各项活动,将高中生涯教育与主题家长会融合在一起,利用家庭资源进行生涯教育,以更新家长生涯教育理念,加强家长对生涯教育的重视,提高家长对生涯规划的认识,最终切实地提高学生生涯规划的能力,帮助学生实现自己的职业理想和人生价值。

一是让家长参与班级的管理,参加学校的活动,树立榜样。学校教师刘顺宜曾在自己的班级开展了"家长协管晚修"的活动。班级里共有10位家长参加该活动,且都是外镇的家长。活动持续了差不多半个学期,收到相当不错的效果。之后,刘老师又在另一个班级组织了一次这样的协管晚修活动,还当场给家长颁发证书,对家长的付出作出了肯定,提高了对学生的教育效果。家长通过协管晚修体会到了学生学习的不易;学生看到家长从很远的地方到学校参与班级管理,体会到了父母对自己的关心和用心,从而精神抖擞,学习更有斗志。

二是让家长走进课堂，现身说法，开展职业分享。班会课是开展生涯教育的主阵地，学校教师依托家长资源，开设"家长课堂"，让家长以社会职业工作者的角色，讲述自己的职业生涯故事，让学生从身边人了解现在的就业形势和市场，从而树立人生的目标和方向；让家长进行职业分享，为学生介绍自身职业的工作性质、内容、特点等。

2. 建立"区域+高中生涯教育"校本课程体系

根据刘顺宜的名班主任工作室研究课题"'高中生涯教育'下主题家长会的设计与实践研究"，结合其工作室成员所在各校的实际情况，逐步建立本区域高一年级到高三年级的生涯教育校本课程体系（表2-17），形成生涯觉醒、生涯视野、生涯担当三个角度的总体框架。

表2-17 "区域+高中生涯教育"校本课程体系

阶段	内容	释义	相关主题
高一年级	生涯觉醒	帮助学生认识自我、悦纳自我，探索生涯规划的方法，开启高中学习生活新征程，做好选科前的准备	生涯启迪，认识自我（性格、气质、价值观、兴趣等），发展自我，家族与我，理想未来……
高二年级	生涯视野	帮助学生认识高中学科与高校专业、社会职业的关联，做好专业选择的准备	探索职业世界，生涯目标与决策，探索理想大学与专业，我的生涯规划书，百行体验……
高三年级	生涯担当	帮助学生认识高校专业结构，理性填报志愿，弹奏个人与社会、祖国发展命运共同体乐章，勾画人生发展美好蓝图	模拟志愿填报，模拟职场，家长火炬，走进高校……

3. 加强生涯教育师资队伍建设

生涯教育是一个系统工程，需要教育者综合运用包括心理学、社会学、教育学等多门学科的理论专业化地开展活动，因此学校提供一定的专项经费开展相应师资培训，提高教师教科研能力及对学生生涯规划的指导能力，以促进学生全面发展。

4. 完善生涯教育平台

学校设立了专门的学生职业规划指导中心，由经过培训的教师专门负责该工作，利用各类测评软件，对学生进行个性化、针对性强、有效的生涯指导。学校可向学生推荐一些正规专业的网站，便于学生及时了解高校专业录取情况，帮助学生及早进行职业规划。

5. 拓宽生涯教育的形式

第一，加强学校与家庭、社会的联系，灵活地开展生涯教育。

第二，利用团体课程的形式，如主题家长会、生涯系列讲座、生涯规划活动课、生涯规划团建等，既教授生涯规划相关知识，也让学生在团体课程中加深体验、培养生涯规划的技能。

第三，引导学生参加社会实践，到具体的工作岗位参观体验，了解职场环境与具体工作。

第四，接受学生个体咨询，通过专业测评和分析，对学生进行专业化、个性化辅导。

★ 活动案例：采访职业人

1. 活动背景

本活动开展前，学生已经进行了"自我探索"活动（包括性格、价值观和气质等相关活动）。本活动为"外部探索"活动，包括家庭因素、大学和专业、职业与行业等探索。因此，活动通过家长会进行，让学生与家长一起完成。活动是进行职业探索，分成两节课进行，本节课简单介绍采访和布置任务。

2. 活动对象

高三年级学生。

3. 学情分析

学生已经完成了自我探索的三个内容，学生对自己的性格、价值观和气质有了一定的了解，可以开始进行外部探索活动了。

4. 活动目标

知识与技能目标：了解职业的多样性，拓宽学生的视野；掌握采访职业人的技巧；学会整理采访资料。

情感与价值观目标：在小组活动中，懂得协作；在采访过程中，懂得职业幸福感的来源。

过程与方法目标：通过职业的介绍，了解职业的多样性，拓宽视野；通过任务掌握采访的技巧，并在采访实施过程中学会协作，学会资料整理，懂得职业幸福感的来源。

5. 活动准备

查找资料，制作PPT，设计采访提纲。

6. 活动形式

全体学生参与。

7. 活动过程

（1）介绍职业的概念。

职业是人们从事各种工作或任务时的职位与角色的统称，具有相对的稳定性，换而言之，职业就是有报酬的工作。按《中华人民共和国职业分类大典》，我国把职业分为八大类。八大类还可以细分到上千种职业，实际上，随着经济和社会的不断发展，新的职业在不断衍生和派生出来，甚至出现许多全新的领域。

（2）提出活动主题。

在职业选择这一决策上，除了剖析个人的兴趣、爱好、价值观、气质类型等作为内在指引外，还要对外在环境进行考察，即了解不同职业的真实面貌与工作环境。这关乎职业是否契合你的内心期待与长远规划。在选择之前，你是如何了解你所选择的职业？对于这个问题，我们可以采访相关从业人员。

（3）提出问题：采访的流程是什么？

采访前，要准备什么？采访时，干什么？采访后，做什么？

（4）布置作业。

学生采访家族中的一位成员，并且拍照或者视频。采访后，请让受访者填写采访评价表。

（5）回收采访结果，学生在班级进行职业采访分享。

8. 活动反思

在了解职业这个环节，很多教师会让学生直接去采访职业人，然后让学生在课堂上作分享。但是，如果学生对采访流程的认知水平不够，会很容易出现流于形式的问题。因此，把这个内容分为两部分，第一部分教会学生如何进行采访，然后再让他们去操作，第二部分才是给他们时间进行分享。这样效果会更好一些。

附录

采访提纲（参考）

1. 您是如何找到这份工作的？您的岗位职责是什么？

2. 工作感受

就您的工作而言，您最喜欢什么？最不喜欢什么？

3. 工作内容

从事此行业的人做些什么？在工作方面，您每天都做些什么？

4. 职业前景

在行业内，先从什么样的工作岗位做起，能学到最多的知识，最有益于个人发展？这个行业的前景如何？

5. 从业要求

（1）在这个岗位上，要获得成功，必须具备什么能力？

（2）您认为什么样的性格、品质和能力对于做好这份工作是重要的？

6. 工作强度

您经常需要加班吗？您是否拥有年假？

7. 工作环境

您的工作地点一般在哪里？同事间如何处理好合作与竞争的关系？

8. 其他

（1）您的熟人中有谁能成为我下次采访的对象吗？可以说是您介绍的吗？

（2）您能给我些学习方面的建议吗？

9. 自己想到的提纲

采访评价表

尊敬的家长：

您好！我们的学生刚才对您进行了采访，请您就他们的采访情况，写几句话进行评价。谢谢！

请从文明礼貌、提问技巧等方面，加以评点。

受访者签名：

采访者签名：

第三章

教学改革，构建高效课堂

第一节　构建生态课堂教学模式

课堂是学校的基本细胞、最核心的单位，是教育改革与发展的关键所在。我国课程改革进行到今天，涌现出了诸多重要的成果和变化，体现在教育理念、教学方式、教材内容、课堂模式、教育评价等多个方面。例如，深圳市南山区蛇口学校推行"无边界学习"课堂，把课堂分为"实效课堂、生态课堂、无为课堂"三种不同形态阶段。重庆市南开中学创设"四有·五品"课堂，"四有"即教学过程"有学、有问、有光、有谦"，侧重于课堂实施；"五品"即流畅、激情、端直、创新、收获，侧重于教学效果。为落实立德树人根本任务和新课改理念，各地学校如火如荼地进行着课堂改革。

2023年，教育部印发《基础教育课程教学改革深化行动方案》，该方案不仅深刻诠释了国家层面的育人宏伟蓝图，更将其精细化为地方与学校层面可操作的"育人施工图"，明确了具体路径与实施策略。2024年，我国教育强国建设的征程迈入一个至关重要的加速与深化期，课堂改革作为核心驱动力，正加速在学校层面生根发芽，推动教育质量的全面提升与创新发展。

在此时代背景下，大岗中学秉承"立德树人、育人为本"的核心，不断探索与深化课堂教学模式，基于"研学后教"的教学理念，推广"三导"高效课堂模式。该模式旨在充分调动学生的主观能动性，挖掘并激发他们的内在潜能，促进课堂教学质量的飞跃，实现高效能的教学互动。

一、正视课堂教学的短板

早在20世纪初，杜威就在《民主主义与教育》中指出传统教育的错误："第一，不考虑儿童本能的或先天的能力；第二，不发展儿童应对新情境的首创精神；第三，过分强调训练和其他方法，牺牲个人的理解力，以养成机械的技能。"这三个错误仍然普遍存在于当下的课堂教学之中。一味追逐没有品质的教学效率，教育就永远培养不出真实的创造性人才。我们需要正视课堂教学的短板，才能提升教育质量，促进学生的全面发展，从而培养更多具有创新精神和实践能力的高素质人才。

(一) 存在大量的机械训练

国家课程、地方课程与校本课程三者之间尚未形成有机体系，低效率的课堂现象依然普遍，且课堂教学改革的步伐迟缓，对于即将到来的高考改革缺乏前瞻性的准备与规划。部分教师课堂教学改革的意识薄弱，他们认为高考成绩优异的学校多是通过延长学习时间、提高教学强度来实现的。同时，他们担心地方课程与校本课程的引入会挤占学生的学习时间，进而影响考试成绩。因此，这类教师未能切实贯彻"学生主体、教师主导"的教学理念，而是沿袭了传统的"填鸭式"教学模式，这直接导致了课堂效率的低下。在此背景下，学生不仅承受着沉重的学业负担，还面临着升学压力的双重夹击，这促使学校和教师倾向于采取重复、机械的训练方式，以期快速提升学生考试成绩。但是，这种做法无形中加剧了教育的应试化倾向，也阻碍了教师专业素养的进一步提升。

关于训练，若仅将其视为"动手做题"的基本技能锻炼，或许有其必要性；但若训练演变成对解题模式的无休止重复，直至形成"条件反射"般的依赖，则无疑是对学生创新思维和求异精神的极大束缚。正如刘长铭在《培养创新型人才是一场深刻的教育变革》中所指出的，过度的重复性训练在巩固知识的同时，也强化了固定的思维模式，剥夺了学生思维的灵活性和求异创新的能力。因此，我们亟须深刻反思：训练的量与质应如何平衡？学生真正需要的是何种类型的训练？新课程改革要求教师"用教材教"而不是"教教材"。从"教教材"转向"用教材教"，需要建立起课程资源的观念，建立起课程资源共建和共享的制度，这也是学校层面，甚至是政策层面所面临的重要挑战。然而，当前学校实践中的集体备课制度往往流于形式，未能充分发挥其促进教师专业成长的作用。若集体备课仅聚焦于统一教学进度、传达行政通知及应对外部检查，则易导致备课与教学过程僵化，缺乏深度与灵活性。一备、二备及反思总结环节的不足，加之对统一教案、进度、测试的过度强调，忽略了教育教学的多样性和个性化需求。针对不同班级、不同学情，教师在教学上应该有针对性地采取不同教案、课件、作业和教学方法，以激发学生的学习兴趣，真正提升教学效果。

(二) 不关心知识的来龙去脉与相互联系

在追求知识的过程中，若忽视其背后的起源、发展脉络及相互间的紧密联系，便失去了在复杂多变情境中保持思维灵活性的坚实基石。在教学过程中，对于概念的阐述往往局限于其字面定义，而未能深入挖掘概念的形成缘由、生活原型及其广泛的应用范围，这种做法极大地限制了学生的理解深度与广度。

以负数这一抽象的概念为例，巧妙地借助生活中的实例，如温度计上表示零下的刻度，或是带有地下层标识的电梯楼层表，学生便能自然而然地理解负数这一概念。这种从抽象概念到具体实例，再从具体实例到抽象概念的转换，不仅是对日常生活经验的提取，更是深层次思想方法的渗透。在此过程中，学生经历了两种核心思维方式的交替运用：从抽象到具体，是演绎思维的展现，它要求学生将理论知识应用于实际情境；而从具体到抽象，则是归纳思维的结果，它促使学生从纷繁复杂的现象中提炼出一般性的规律。这一过程中，"情境化"的引入与"去情境化"（建模）的提炼，构成了一个复杂的思维判断链条，深刻体现了学科特有的思想方法与逻辑体系。

因此，在教学过程中，重视知识的来龙去脉与相互联系，鼓励学生从生活中寻找知识，不仅能够显著提升他们理解复杂概念的能力，更能培养其在复杂情境下灵活运用所学知识解决实际问题的能力。

（三）忽视新知识带来的新情境

忽视新知识带来的新情境，会使得学生丢失了独立思考和探究新问题的绝好机会。讲授法之所以常使学生陷入被动，根源在于许多教师在授课过程中缺乏必要的停顿与留白，未能给予学生足够的思考空间。"探究式教学"之所以遭受"形式大于内容"的质疑，实则是教师对探究的理解过于僵化所致。试问，探究必须"有头有尾"吗？探究必须贯穿一节课的始终吗？其实，探究的本质并不在于形式上的完整无缺或时间上的全程覆盖，而是激发学生内在的思考动力。试想，一个简短的30秒停顿，足以让学生在脑海中完成一次深刻的思考，这样的教学互动又怎会完全偏离预设轨道？

课堂不仅是知识传授的主要场所，更是塑造学生思维方式与价值观的关键阵地。素质教育下的课堂教学改革，其核心应聚焦于人本身，即关注学生的全面发展与核心素养的提升。这意味着，教师必须将课堂视为促进学生成为"完整的人"的重要平台。

（四）教育评价不够全面

尽管素质教育理念早已提出多年，但其全面推行与实施仍面临许多挑战，深受应试教育惯性的影响。其中，教育评价体系的单一性成为应试教育顽固存续的温床。当前对学校和教育的评价体系存在偏颇，过分关注结果性评价，忽视了过程性评价和增值性评价的重要性，导致教育导向偏离了全面发展的初衷。在学校层面，教学评估常侧重于教师的教学表现，而忽视了学生的学习效果与成长过程，外在标准评价盛行，内在标准评价则被边缘化。

在学校发展中，常有"教师第一"还是"学生第一"的争论。实际上，

"教师第一"与"学生第一"的争论体现的是对教育核心价值的不同理解，将"教师第一"与"学生第一"视为非此即彼的选择是不全面的。学校教育是一个复杂的系统，教师与学生是相互依存、相互促进的关系。教师的发展离不开学生的成长反馈，而学生的成长也离不开教师的悉心指导。因此，学校发展的内部基本矛盾并不简单地体现在"教师第一"与"学生第一"的争论上，而是更多地体现在如何平衡好教师与学生之间的关系，实现两者的和谐共生。

学生发展是教育的本义和目的，教师专业发展是实现学生发展的途径，学校发展则是学生发展和教师发展的结果。学生发展和教师发展都需要学校的支持，都是建设学校发展的利益共同体。因此，学校不能颠倒教育发展的结果与目标，应坚持以学生为中心的教育理念，同时注重教师队伍的建设和发展。只有这样，才能实现学校内部各要素之间的和谐共生，推动学校持续健康发展。

二、课堂教学的新思维

在课堂教学中，教师是参谋，是催化剂，是风向标，但绝不是主角。学生才是课堂的主人。把课堂还给学生，让课堂成为学生展现自我的地方，成为学生释放个性、自主学习、主动探究的家园，这一直是大岗中学所追求的。

"三导"即导学、导练、导发展，是"研学后教"的教学理念在大岗中学的实践。在这场轰轰烈烈的课堂教学模式改革的热潮中，新的教学模式逐步推广，最大限度地发挥了教师与学生的主体性。

"三导"高效课堂模式旨在体现一个特色，达成两个目标，实现一种转变。一个特色：主动性、生动性、生成性。主动性是学习状态，会激发潜能、乐在其中、带来效益、生成能力。生动性是追求课堂的情感价值，突出"学乐"和"乐学"，学习如饮甘露琼浆，变"怕上学"为"怕下课"。生成性是课堂要敢于变各种"句号"为"问号"，追求主体多元化，鼓励不同见解，让思维激荡思维，让思想冲撞思想，让方法启迪方法。两个目标：一是从低效甚至负效的课堂逐步探索并过渡到有效课堂，最终实现高效课堂，确保40分钟的课堂时间能够发挥最大效益；二是将学生从传统的"时间+汗水"应试教育中解放出来，为他们腾出更多时间，同时恢复他们的睡眠、激发灵性、培养兴趣，促进全面发展，实现从"学会知识"到"具有基础学习能力"再到"具有终身发展能力"的转变。

课堂变革的核心奥秘深植于学习能力的提升，学习能力正是素质教育所强调的核心素质。这一理念倡导学生学习应从单纯的知识积累，跨越至能力的培养，最终升华为智慧的启迪。当课堂被"知识本位"的观念所束缚时，教学往往会沦为单向的灌输与机械的记忆，学生则不幸沦为"知识的奴仆"，教师则可能成为"知识的贩卖者"和"二传手"。

新课改倡导的"自主、合作、探究"学习模式，正是素质教育核心理念的生动体现，它们构成了高效课堂的"六字真言"。将这些理念转化为具体的教学方法，便是鼓励学生进行群学、对学、再群学的循环往复过程。"导中有学、学中有练、练中有导""学生主动、师生互动、生生互动"是"三导"高效课堂模式追求的课堂效果。真正的教育应鼓励学生主动"经历"并进行"经验"学习的过程，让这一过程充满生命的活力与律动。只有让学生成为课堂的主人，成为学习的主人，学习的过程才会充满生命的律动。

三、课堂教学的新流程

大岗中学的"三导"高效课堂模式将课堂分为以下流程。

1. 导学

（1）课前导学。

第一，印发导学案，提前2天发给学生，进行提前预习指导。

第二，学生根据导学案最少提前一天完成预习内容。

（2）课堂导学。

第一步：目标展示，10分钟课前知识点、学习要点导学。

第二步：学生独学。

第三步：学生对学、互学。

第四步：学生群学。

第五步：组内小展示。

第六步：班内大展示。

第七步：整理学案，达标测评。

时间分配：第一，课前自学15分钟；第二，教师导入10分钟，课中独学、对学、群学、展示25分钟；第三，小结、检测、反思5分钟。

2. 导练

（1）教师编制训练型学案。

（2）学生完成训练学案。

第一，学生独立完成；第二，小组同伴互查纠正；第三，群力突破难点。

（3）教师对学生进行达标检测或评价反馈。

导练（含练习、展示、反馈）：包括学生复习、完成基本练习，巩固双基作业、实验操作、实际运用、实践、自测（可2~3人相互出题、批改）、改错自结（反思、小结）、测验（书面或口试）、实践与活动，让学生考出兴趣。

教师侧重验收——检查、批改、评价（总结、评定），观察并记录学生的表现，因材施教，着重辅导学困生，掌握动态。

3. 导发展

广义方面，指引导学生的全域发展，即以学生的发展为本，注重学生的全面发展和可持续发展。学生是发展的主体，要充分引导学生发现自身潜在能力的倾向，最大限度地让学生发挥自身潜能，实现其知、情、意、行的全域发展。

狭义方面，指引导学生在课堂教学中的学力发展。这个学力发展主要包括基础学力、发展性学力和创造性学力三个方面。

基础学力的核心一是学习态度，是否肯学、爱学是决定学业成败的关键；二是学习能力，学生要能够自学、善于学习；三是必要的知识与技能，作为态度与能力的载体，它也是使学生终身受益的。

发展性学力是指学习主体为主动适应迅速发展的未来社会，所必须具备的自我可持续发展的态度、能力与知识的集合，包括终身学习的观念、不断进取的精神、克服困难的毅力、主动发展的学习能力和生存能力，并包括具有作为发展能力载体价值的再生性强的知识，特别强调有很强的自学能力和良好的心理调控能力。

创造性学力是指学习主体为适应知识经济时代需求而应具备的能力集合，涵盖探求新知的态度、批判与创新能力，以及对知识开放性和多维性的理解。

（一）课前准备：从单一备课到共同备课

"三导"课堂模式倡导打破教师单一备课的局限，转向采用根据不同课程类型师生共同备课的方式来教学。在日常的教学准备阶段，教师主要依赖于"学习卡"与"导学稿"的设计来规划教学活动。这些设计基于学生的预习需求，具体涵盖了学生需要预习的内容、预习的方法、预习后的掌握情况、存在的困惑，以及他们对课堂内容的期待等方面，从而全面指导教师的教学备课工作。

具体而言，针对不同课程类型，如语文综合性学习课、科学实验操作课及快乐实践课等，鼓励采用灵活多样的备课方式。初期，教师可发挥引领作用，指导学生进行分组、任务分配、资料搜集、合作交流，并通过展示评比、总结表彰、整理积累等环节，激发学生的参与热情与创造力。

经过一段时间的训练后，学生的能力得到了提升，教师就可以逐步放手，让学生成为备课活动的主角。学生们可以充分讨论交流，自由组合团队，自行设计方案，自主选定主持人，围绕既定目标设计活动方案，合理分配任务，主持展示，总结评比，整理积累，形成经验性成果。整个师生共同备课的过程是一个充满动态变化、生动有趣且不断发展的个性化创造过程。在这样的过程中，无论是教师还是学生，都能以饱满的热情投入教与学的每一个环节，享受探索知识的乐趣。

（二）学习小组：从独学到对学和群学

"导学"就是课前预习？"导学"就是让学生漫无目的地、单纯地看书？答案显然是否定的。"导学"不仅要在课前印发导学案，并提前两天发给学生，指导其进行提前预习，学生须最少提前一天完成导学案自学内容，"导学"还贯穿于课堂的每个环节——独学、对学、互学、群学、组内小展示、班内大展示、整理学案等。

"独学"是指学生独自学习的过程，主要是在课前的预习和课堂检测时进行。"对学"是两个学生相互交流，一般课堂是从对学开始的。"群学"指的是小组合作探究，一般5～6人为一小组。在群学过程中，学生与学生要相互交换意见，小组长把组员的意见综合起来，大家进行展示和点评。这种方式改变了在传统的集体教学师生单向交流中，教师垄断课堂的信息源而使学生处于十分被动的局面，充分发挥了学生的主动性、创造性。

通常一个班有50人左右，教师会根据学生性别比例、学习水平、交往技能、守纪律情况等合理搭配各小组，有时候6人小组又可以细分成3个2人小组。课堂上，可以根据实际需求存在多种小组的形式，如2人小组、4人小组、6人小组。2人小组只需要简单的知识技能而不需要过多地讨论教学任务，2人小组的时间利用率高，又比单独的自学效果要好，2人可以通过互相提问的方式来巩固知识，提高表达能力；而4人或6人小组的学习则适用于分析性内容的学习、探索性地思考问题，因为这些问题需要通过多人的智慧和力量来解决，需要多人合作讨论和完成。

一般而言，合作学习小组人数以2至6人为宜，人数太多不便于进行合作学习，会降低小组合作的效益与效率。在一个学习小组内部，不同成员分别承担着不同的角色。"总结发言人"负责重述小组的主要结论和答案；"记录员"负责记录小组讨论的意见和决议；"检查员"负责保证小组成员都能清楚地说出小组得出的答案或结论；"文字处理员"负责材料分析和制作PPT；"联络员"负责小组与教师及其他小组进行联络和协调。

现代教育需要更加注重学生综合素质的培养，通过合作学习，学生能够更好地学会学习、学会与人相处和培养更高的创新思维能力。

（三）有效导练：学中有练，练中有导

教学的最终目的是使学生从"不会"到"学会"，最终达到"会学"。而学生要具备"会学"的能力，需要通过有效的练习来促成。"三导"课堂模式

的"导练"过程环环相扣,实现"学中有练、练中有导":教师编制训练型学案,学生完成训练型学案,教师再对学生进行达标检测或评价反馈,达成"当堂课的教学内容当堂练习,当堂完成教学任务"的目标。"练在课堂"的实质是从上课到下课,教学的全过程都是让学生自己去思考、去探索、去感悟,教师由讲授者变为组织者、引导者、合作者、调控者、赏评者。学生的"练"包括课堂自学、问题讨论、交流体验、实际操作、作业练习等,学生的能力在"练"中得到形成与发展。

具体来讲,在教学中,学生以教师提供的教学方案为指导进行独立或合作学习,在学习过程中完成学案中的练习,在练习中进一步体会知识的产生、发展的原理,并能得到教师的适时指导,使导、学、练各环节紧密结合,形成整体。教师通过基础性训练检验学生达标情况,然后进行扶弱补漏,对单元知识未达标的个别学生进行帮扶,制订个性化学习方案,促进学生发展。并且,教师通过设计综合性题目,提高学生运用所学知识解决问题的能力及创新能力。然而,在实际教学中,很多课堂由于学生展示、点评等环节的不可预见性,最后没有了当堂练习的时间。为此,大岗中学在教学流程规范中,强制要求教师在每节课的最后最少要留5分钟的时间进行整体检测,达到当堂训练的效果。当然,"导练"不只是笔试,当堂训练也不仅仅是一张试卷,各学科或同学科的不同内容测试方法是不同的。例如动脑、动口、动手实验、综合实践都是测试。"导练"就是要达到"以练习为主线,以思维为主攻,以发展为主旨"的目的。

素质教育要促进学生的持续发展。"导学、导练、导发展"课堂模式中,"导发展"具备天然假设的一个条件:每位学生自有每位学生的精彩生涯,要让学生得到可持续发展。教师对学生"导发展"是"为促进学生可持续发展而教",是使学生能在未来的境况中得到终身的最大发展。这与只求学生现在考得好的"为应试而教"截然相反。"导发展"就要思考如何使学校的教育面向所有的、不同资质的学生,使学生的理性与非理性、科学与人文、知识和品德、智力与人格、个性与潜能、精神与文化等方面获得全面发展,使学生达到"学有所成,人生有为"的境界。从广义上说,"导发展"就是指引导学生并最大限度地挖掘自身潜能,实现其知、情、意、行的全域发展;而具体到课堂上,则是指引导学生在课堂教学中的学力(包括基础学力、发展性学力和创造性学力)发展。学力恰恰是课堂破局的真正奥秘所在。

(四)展示点评:从"死课堂"到"活课堂"

现代课堂之所以能够取代传统课堂,关键在于其为学生学习的主动性和探究性注入了前所未有的活力。其中,展示与点评环节成为构建高效课堂的重要环节，推动了学习深化与知识内化。这两个环节是解锁学生学习内驱力的"金钥匙"。展示作为学习成果的直接展现，不仅是教师洞悉学情、精准施策的窗口，也是课堂决策不可或缺的基石。

例如，学校高一语文教师张秋霞在教学《琵琶行》一课时，设计了三个展示点评环节。学生们分组竞争"爬黑板"展示和精彩点评的名额，只用两课时就完成了以教师讲授为主需要三课时的教学内容。这个环节让学生从琵琶曲调的起伏变化中捕捉到了琵琶女情感和生活变化的轨迹，体会到了诗歌中溢满感情的风物营造意境所带来的艺术效果，轻松活泼而顺利地完成了既定的教学目标。

通过展示和点评环节，老师讲得少了，学生讲得多了；学生的思维活了，问的问题多了，学生解决问题的方法多了，学生的视野开阔了。有学生认为："我的课堂我展示，我的班级我管理。我的课堂我做主，预习展示皆精彩。"这表达了学生在"表现课堂、体验课堂、感悟课堂、享受课堂"中的快乐。

为了克服一些课堂"为展示而展示，为点评而点评"的现象，学校对展示环节制订了详细的规范，并让教师认识到，从展示的内容上来讲，要展示共性度高的问题，或者易错点、重点、难点、焦点等问题。学生展示的时间一般控制在7分钟左右。在展示的分工上，要避免精英展示，增强小组成员的参与度，为不同层次的学生尽可能提供展示的机会，满足个体需要，增强自信心，强化团队合作意识与集体意识。同时，展示要体现出师生、生生的交往，可以采取多种形式，如疑难求助、质疑对抗、合作表演、诗歌朗诵等。

四、课堂教学的新教法

大岗中学精心构建的"导、学、练、教、做"五步教学法，比传统的教学模式更能调动学生的主动性，激发学生的潜能，使学生"学"的主体作用得到真正的体现和充分的发挥，从而实现课堂教学的高质量、高效率，又减轻了学生负担。

五步教学法，具有以下特色：第一，"导"为创境导入、学法指导。第二，"学"为自主学习、合作探究，学生有目的地进行"先学"，可前置到课前预习中。学生在明确学习目标，了解学习方法后，带着思考的问题在规定的时间内，自主学习相关的内容。第三，"练"是完成一个检测性的小练习。通过提问、板演、书面练习等检查学生自主学习的效果。第四，"教"主要指学生在进行自主学习后，学会了的学生可以当"小先生"，通过更正、讨论同伴的学习问题，来"教"会其他的学生。教师针对学生学习情况适时参与并点拨引导，突破教学重难点。第五，"做"是针对学生自主学习呈现出的真实学情所反映的"教"的效果，检测学生是否在课堂上达到了教学目标，引导学生在练习中把知识转化为解题的能力。

在"导、学、练、教、做"这一五步教学法中，还融入了"五讲三查二练"的环节。"五讲"具体分为：第一讲，在课前（通常是半天或一天前），教师会调查学生的预习情况，发现问题后，会找小组长协助解决；第二讲，在小组交流环节，组内成员互相帮助，解决彼此的问题；第三讲，在课堂上，教师针对各组未能理解的问题，进行全班性的讲解；第四讲，在课堂结束时，小组内较低编号的学生向较高编号的学生讲解所学内容；第五讲，较高编号的学生可以在本周内要求较低编号的学生复述上周的学习内容，以巩固记忆。"三查"则包括：一查，教师提前通知学生将要学习的内容，并布置相应的学案或预设问题，之后检查学生的学案完成情况；二查，在课堂开始前的几分钟，教师会检查小组的整体学习情况；三查，任课教师会收集并检查各小组互助学习的反馈情况。"二练"是指：第一次练习，每位组员独立尝试解答教师提供的导学案或预设问题；第二次练习，在课堂结束前的几分钟，每位学生将本堂课所学的内容进行练习，并给出反馈。

为了确保课堂上小组合作学习的顺利进行，各班级将学生分成4～6人的小组，并在小组内部成立帮扶小队。每个小组都设有组长和副组长（标记为1、2号），他们分别负责帮助组内学习能力相对较弱的两位同学（在6人小组中，其余2名同学则相互帮助学习）。小组的考核是基于整个小组的行为表现和学习效果来进行的。此外，组长和副组长还分别负责管理1～2个主要学科，而组内的3号和4号成员则负责其他学科的管理。

在学习方面，组内成员中谁是"小老师"，谁是"小徒弟"，各班班主任会同任课教师根据学生的学习成绩、知识基础、兴趣爱好、学习能力、学习习惯与品德行为，把他们粗略地划分成四大类：优秀、良好、一般、较弱。然后，采取学生自愿建组与教师适当调整相结合的方法，把全班学生按照"优秀—较弱—良好——一般"的座位调好。同位之中，成绩优秀的同学是"小老师"，成绩比较弱的是"小徒弟"。"小老师"主要职责是在教师指导后，教会"小徒弟"学习，督促、管理"小徒弟"学习常规，培养"小徒弟"养成好的学习方法和技巧。

五、课堂教学的新评价

在评价体系中，发展性课堂评价核心理念聚焦于师生双方的生命成长与潜能激发，强调课堂是一个不断发展、创造的过程。其核心评判尺度、评价课堂主要标准是看教师和学生的生命成长质量是否得到提高、生命的创造力是否得到发展。这并非忽视升学率这一重要指标，而是力求探索并实践一种更为健康、可持续的升学率提高路径,旨在维持教育成果的同时,营造一个良好的课堂生态,让师生的发展潜力在充满生命关怀与和谐的课堂氛围中得以自由释放和展现,在合作、对话、探究、反思的过程中得以提升。如此,师生便能诗意地生活在课堂中。

★课堂教学案例

倾听历史言说　品评千年回响
——统编版高中语文选择性必修中册第三单元人物短评写作指导

(一)设计背景

统编版高中语文选择性必修中册第三单元的主题是"历史的现场",本单元所选课文均属于"中国传统文化经典研习"学习任务群,旨在引导学生通过阅读中华传统文化经典作品,鉴赏作品的叙事艺术和说理艺术,领会其中的历史观念、家国情怀和担当精神;理解史家对笔下人物的认识和评价,把握论者的观点和论述方式,学习和鉴赏他们思考社会现实问题的态度和方法。

(二)学习过程

1.第一学段:理解屈原和苏武的人生选择与精神价值

(1)重温文本。

①阅读《屈原列传》,了解屈原的人生际遇,填写表3-1。

表3-1　屈原的生平

阶段	屈原的言行、生平	楚国大事	精神品质	作者评价
任				
疏				
绌				
迁				
沉				

②阅读《苏武传》,了解苏武的人生际遇,填写表3-2。

表3-2 苏武的生平

阶段	苏武的言行、做法	精神品质
奉命出使		
因变被扣		
自刺负伤		
卫律劝降		
幽置大窖		
苦守北海		
李陵劝降		
获释归汉		

（2）历史之现场。

①屈原有无其他选择？完成表3-3。

表3-3 屈原的选择

人物	选择1	选择2	选择3	……
屈原				

②如果回到历史现场，让屈原再做一次选择，他还会坚持投汨罗江吗？请结合文本和所给材料分析理由，完成表3-4。

表3-4 屈原的选择理由

人物	理由1	文本依据
屈原		
	理由2	文本依据
	理由3	文本依据
	理由4	文本依据

（3）历史之评论。

司马迁、渔夫怎么看待屈原的选择，他们的理由是什么，请结合文本简要分析，完成表3-5。

表3-5　他人如何看待屈原

人物	文本依据	观点	原因分析
渔夫			
司马迁			

（4）后世之传承。

司马迁如此推崇屈原的精神，这种精神的实质是什么？当代是否还有人在践行这种精神品质？在面临人生重大抉择的时候，坚守信念，坚守大义。

2.第二学段：品评历史人物

（1）活动一：当代之回响。

方法指引：人物的处境、选择；这种选择的价值、意义和影响；后代的传承；立足于评论者的时代背景和个人经历。

请在以下任务中任选一个进行人物短评的写作，要求体现历史现场中的人物品质和评论者的立场，100字左右。

任务1：请结合文本内容和名家评论，揣测《苏武传》中班固对苏武的认识和评价，尝试以班固的视角，写一段100字左右的人物短评，对苏武加以评论。

任务2：中央电视台准备举办一档"中华历史文化名人"的系列节目，前几期主要介绍孔子、屈原等文化名人，第四期准备介绍坚守边疆19年的苏武，如果你是编导，需要写一段100字的开场词，借鉴司马迁写《屈原列传》的表达方式，客观评价一下苏武。

我选择任务＿＿＿＿进行写作：

点评标准如表3-6：

表3-6　点评标准

等级	历史处境	艰难抉择	人物精神	任务情境
A	能全面介绍	体现选择权衡	准确提炼且全面	突出写作者身份，表达符合情境
B	部分介绍	体现选择	准确提炼但不全面	提及写作者身份
C	无涉及	简单概括事件	提炼不准确	无涉及

（2）活动二：激扬文字，撰写评论。

①请用你学习到的方法，根据写作提示，进行写作。

春秋时期，齐国的公子纠与公子小白争夺君位，管仲和鲍叔分别辅佐他们。管仲带兵阻击小白，用箭射中他的衣带钩，小白装死逃脱。后来小白即位为君，史称齐桓公。鲍叔对齐桓公说，要想成就霸王之业，非管仲不可。于是齐桓公重用管仲，鲍叔甘居其下，终成一代霸业。

后人称颂齐桓公九合诸侯、一匡天下，为"春秋五霸"之首。孔子说："桓公九合诸侯，不以兵车，管仲之力也。"司马迁说："天下不多管仲之贤而多鲍叔能知人也。"

班级计划举行读书会，围绕上述材料展开讨论。齐桓公、管仲和鲍叔三个人，你对哪个感触最深？请结合你的感受和思考写一篇发言稿。

②各抒己见：请大家围绕齐桓公进行讨论。

人物的处境、选择，这种选择的价值、意义和影响，后代的传承（立足于评论者的时代背景和个人经历）。

③千锤百炼：请大家就鲍叔这个历史人物进行文段写作。

要求：人物的处境、选择，这种选择的价值、意义和影响，后代的传承（立足于评论者的时代背景和个人经历）。

品评佳作：

鲍叔让我感触最深的是他胸襟博大，知人善任而勇荐旧敌。"治天下者，用人非止一端，故取士不以一路"，鲍叔是齐桓公还未上位时的谋士，一路伴随他从公子小白到一代霸主齐桓公；然而在齐桓公登位时却心甘情愿地举荐管仲为相，自己退居管仲之下，只因管仲拥有治国之大才。同学们，请设想一下，假如没有鲍叔之知人善任及包容心胸，齐国人才中何来一位彪炳千古的管仲，又何来齐国今后之崛起？所以，管仲造就了齐国的荣光，而鲍叔成就了管仲之辉煌。

作为新时代的青年，我们也应该学习鲍叔，以大我情怀引领小我进取，只有这样，我们才能成为高尚的人、纯粹的人。

（3）课后延伸。

请大家根据学习到的方法品评管仲，字数要求400字。

附录一

屈原列传（节选）

屈原至于江滨，被发行吟泽畔，颜色憔悴，形容枯槁。渔父见而问之曰："子非三闾大夫欤？何故而至此？"屈原曰："举世混浊而我独清，众人皆醉而我独醒,是以见放。"

渔父曰:"夫圣人者,不凝滞于物,而能与世推移。举世混浊,何不随其流而扬其波?众人皆醉,何不铺其糟而啜其醨?何故怀瑾握瑜,而自令见放为?"

报任安书(节选)

古者富贵而名摩灭,不可胜记,唯倜傥非常之人称焉。盖文王拘而演《周易》;仲尼厄而作《春秋》;屈原放逐,乃赋《离骚》;左丘失明,厥有《国语》;孙子膑脚,《兵法》修列;不韦迁蜀,世传《吕览》;韩非囚秦,《说难》《孤愤》;《诗》三百篇,大底圣贤发愤之所为作也。此人皆意有所郁结,不得通其道,故述往事、思来者。乃如左丘无目,孙子断足,终不可用,退而论书策,以舒其愤,思垂空文以自见。

仆窃不逊,近自托于无能之辞,网罗天下放失旧闻,略考其行事,综其终始,稽其成败兴坏之纪,上计轩辕,下至于兹,为十表,本纪十二,书八章,世家三十,列传七十,凡百三十篇。亦欲以究天人之际,通古今之变,成一家之言。草创未就,会遭此祸,惜其不成,是以就极刑而无愠色。

附录二
人物短评写作指导

一、训练重点

1. 掌握写短评的基本要求,了解短评的种类。
2. 学习写短评。

二、知识支撑

短评是对人和事物进行简短的评论,属于评论的一种。短评一定要"短",几百字就可以。但越短往往越不好写。那么怎样写好短评呢?

首先,构思时要抓住关键,开门见山。写短评必须抓重点,抓中心,抓要害,枝节的东西最好不涉及,能否抓住关键往往决定作者的认识水平高低。事物的主要矛盾是关键,矛盾的主要方面是要害。写短评前一定要好好想一想,自己要评的要点是什么,问题的实质是什么。不经过思考,提笔就写,这样往往没有评到节骨眼上。

其次,观点要鲜明,是就是是,非就是非。无论是评一个人,还是评一件事,都必须把作者的观点写清楚,不能含糊其词;评价要实事求是,切忌片面。鲁迅先生的《战士和苍蝇》一文就是典范。全文不超过400字,高度评价了孙中山先生。"然而,有缺点的战士终竟是战士,完美的苍蝇也终竟不过是苍蝇。去罢,苍蝇们!虽然生着翅子,还能营营,总不会超过战士的。你们这些虫豸们!"明辨是非,痛快淋漓。

最后,语言要简洁明快,不拖泥带水。语言要精练,尽量不说废话。唐宋八大家之一的韩愈在《子产不毁乡校颂》一文中,仅用了169个字,就对郑子产不毁乡校一事作了精当的评价,多一字则费,少一字则失。其语言之高度凝练,令人叹为观止。

范文欣赏

抓住言行写爱憎
—— 评《鲁提辖拳打镇关西》

"路见不平一声吼,该出手时就出手。"这句歌词用在鲁提辖身上再恰当不过了。

鲁提辖是《水浒传》中塑造得最成功的文学形象之一。《鲁提辖拳打镇关西》一段则集中表现了鲁提辖爱憎分明的性格特点。他的这种性格特点是通过他的言行表现出来的。小说写道,鲁提辖吃酒时,被金翠莲的啼哭声吵得心烦意乱,但当他得知金氏父女的遭遇后,便立刻表现出疾恶如仇的性格特点。"呸!俺只道那个郑大官人,却原来是杀猪的郑屠!""你两个且在这里,等洒家去打死了那厮便来!"说话掷地有声,铿锵有力。作者就是这样善于通过个性化的语言来表现人物打抱不平的性格。

当鲁提辖得知金氏父女因欠店主钱不得脱身后,他便从身上摸出五两银子,又借史进的一锭银子送给金氏父女。这时李忠不得不摸出二两银子来,很不情愿地交给鲁提辖。鲁提辖毫不掩饰自己的不满:"也是个不爽利的人!"并把那二两银子丢还给李忠。作者通过"摸""借""丢"三个动词,形象生动地表现了鲁提辖的性格。鲁提辖爱的是打抱不平,爱的是正义,他同情百姓的不幸。

对于郑屠户,鲁提辖恨之入骨。他恨郑屠户的蛮横霸道,他恨这个世道的不公。"禅杖打开危险路,戒刀杀尽不平人。"他先是捉弄郑屠户,等郑屠户火起之后,他才亮出拳脚。为什么不直接打呢?鲁提辖不打弱者。你越软,他就越不忍心出手,这表现了鲁提辖善良的一面。但面对豪强恶霸,鲁提辖从来没有犹豫过,也从来没有畏惧过。所以,当郑屠户虚假的面目被揭穿,恶霸的本质原形毕露后,鲁提辖就挥动大拳,让郑屠户好好消受一番。此处,作者既写其言,又写其行。"你是个卖肉的操刀屠户,狗一般的人,也叫作'镇关西'!你如何强骗了金翠莲?""扑的只一拳,正打在鼻子上,打得鲜血迸流……"三拳之后,郑屠户魂归西天。鲁提辖为民除害,痛快淋漓。

可以说,通过言行来表现鲁提辖的爱与憎,是这篇小说的突出特点。

【精彩点评】这篇人物评论，开篇引用歌词，引出要评论的人物，然后紧扣题目，从总体上评价人物，通过具体情节来点明分析的角度和方法。结合原文细节，通过人物的语言和行动两个方面，抓住鲁提辖性格的主要特点爱和憎两个方面进行评论，字数不多，但观点鲜明，论据充足，分析紧扣中心，结尾再次点明题目，明确中心，总结全文。在内容的安排上注意上下文的过渡和内在的逻辑联系，读起来一气呵成。

第二节　学科课堂渗透刚正教育

教育这一塑造未来、启迪智慧的神圣事业，其本质远超过了简单的知识传递。它应当成为塑造人格、涵养品性的火炉，让学生在求知的道路上，同时学会如何做人、处事，如何以高尚的品德和修养照亮自己的人生道路。当下，"知识教育"虽为基础且不可或缺，但显然已不足以满足社会对于全面发展人才的需求，着眼于学生品德、修养、能力与情感全方位培养的"人生教育"则更为重要。

大岗中学基于学校刚正教育特色，在各学科课堂教学中巧妙地渗透刚正教育。刚正是一种包括正直、诚实、勇敢等品质在内的道德素养。无论是语文课上对历史人物刚正不阿的精神的解读，还是数学课上通过解决难题培养学生不屈不挠的毅力；无论是历史课上对正义与公平的追求，还是科学课上对真理的执着探索，都可以成为刚正教育生动的教学元素。

一、语文学科

语文学科作为传承和弘扬中华优秀传统文化的重要载体，其教学内容不仅仅是语言文字的学习，更是文化与精神的传承。语文学科的核心素养包括语言建构与运用、思维发展与提升、审美鉴赏与创造、文化传承与理解四个方面。其中的"文化传承与理解"是学生在语文学科的学习中，继承中华优秀传统文化，理解、借鉴不同民族和地区文化的能力，以及在学习过程中表现出来的文化视野、文化自觉的意识和文化自信的态度。这就要求语文教师在教学过程中，不仅要传授语言文字的基本知识和技能，更要注重学生文化素养的提升。而通过深入挖掘文本中的文化内涵和精神价值，结合刚正教育的渗透，是培育语文学科核心素养的重要途径。

教材是语文学科教学的重要资源，其中蕴含着丰富的刚正元素，从古典诗词到现代散文，从小说到戏剧，许多作品都蕴含着对正义、公平、诚信等价值的追求和赞美。因此，学校教师深入挖掘教材中的历史人物、文学作品等，提炼其中的刚正思想，引导学生学习和感悟，从而培育和提升学生在语言建构与运用、思维发展与提升、审美鉴赏与创造、文化传承与理解四个方面的核心素养能力。

★教学设计案例

以《苏武传》教学设计为例，该文不仅展现了汉朝与匈奴之间复杂的外交关系，更深刻刻画了苏武这一历史人物坚贞不屈、刚正不阿的崇高品质。教师在设计《苏武传》的教学时，围绕刚正元素巧妙构思教学活动，如通过让学生以"苏武，我想对你说"为题写一篇苏武评传，深化学生对苏武及其坚守气节精神的认知，引导学生学习苏武的民族气节，弘扬爱国精神，促进学生价值观的形成与品德修养的提升。

《苏武传》教学设计[①]

（一）学习目标

语言建构与运用：了解班固及《汉书》相关知识，积累文言文常见字词。

思维发展与提升：把握作品的内容，概括内容要点，分析本文塑造人物形象的技巧和方法。

审美鉴赏与创造：品味本文体现的史学价值和文学审美价值。

文化传承与理解：学习苏武的民族气节，弘扬爱国精神。

（二）学习重点

学习苏武的民族气节，弘扬爱国精神。

（三）学习过程

1. 导入：播放《苏武牧羊》

本次研学活动：历史人物纵横谈。

展开厚重的历史长卷，形形色色的历史人物纷至沓来。读他们的故事，我们会产生不同的情感，也会对人物作出不同的评价。

请结合《苏武传》中班固对苏武的认识和评价，并加入自己对苏武的认识和评价，分析我们能从他身上汲取的精神力量，写一篇苏武评传。

2. 活动一：重回历史现场，拟情节小标题

（1）了解作者。

[①] 案例来自广州市南沙大岗中学何彩玲老师。

班固，字孟坚，东汉著名史学家、文学家。《后汉书·班固传》称他"年九岁，能属文，诵诗赋。及长，遂博贯载籍，九流百家之言，无不穷究。"其父班彪曾续司马迁《史记》作《史记后传》，未成而故。班固立志继承父业，在《后传》基础上进一步广搜材料，编写《汉书》。后因有人向汉明帝诬告他篡改国史，被捕入狱。其弟班超上书解释，始得获释，被命为兰台令史。经过21年努力，写成《汉书》。汉和帝永元初年，班固随窦宪出征匈奴，不久窦宪因谋反案被诛，班固也受牵连被捕，死于狱中。

（2）文学常识。

《汉书》是我国第一部纪传体断代史，是古代传记文学名著。其中收录了西汉大量的辞赋和散文，有总集的性质。记录了汉高祖刘邦元年至王莽地皇四年共230年的历史，共100篇，分为十二本纪、八表、十志、七十列传。

（3）探寻背景。

秦末汉初，匈奴贵族凭借强大的军事力量，不断扩大控制地区。文帝、景帝时期，汉王朝采取和亲政策来加强民族联系。武帝时，汉王朝国力逐渐增强，多次与匈奴作战，取得了几次胜利后，转而重视结盟，指望解除匈奴对汉王朝的威胁。恰好匈奴单于有意示好，汉王朝也想趁机和解，于是派苏武出使匈奴与其修好。

（4）读准字音。

（5）请根据故事情节，为文章划分层次，并拟小标题。

3.活动二：追随苏武脚步，回顾出使背景

（1）苏武出使匈奴的背景怎样？出使的任务是什么？（用原文回答）

背景："时汉连伐胡，数通使相窥观。匈奴留汉使郭吉、路充国等前后十余辈。匈奴使来，汉亦留之以相当。"

任务："送匈奴使留在汉者""因厚赂单于，答其善意"。

（2）这样的背景暗示了什么？

表明苏武出使时严酷的历史环境，同时交代了匈奴尽管"尽归汉使路充国等"，却只是因为"单于初立，恐汉袭之"的缓兵之计，并非真心和好。所以，当汉武帝派苏武护送扣留在汉王朝的匈奴使者还朝，并"厚赂单于"时，"单于益骄"，这也是后来单于敢扣留苏武一行的原因。

4.活动三：感悟历史人物的选择

（1）理解苏武的两次自杀行为。

①作为一个使臣，此时遇到意外的变故，他为什么说是"负国"呢？

手下人勾结匈奴叛乱。（苏武作为代表团的团长，副团长出现问题了，这是他严重失职）

作为汉使，任务未完成，有愧于国家。

处理不好会引发两国的矛盾。(很有可能汉匈的战争就会因此而起)

②如何理解苏武的两次自杀行为？读第3、4两段，分析其自杀的原因和周围人的反应。(用原文的话)

③从"重负国"和"屈节辱命"中能看出苏武具有怎样的品格？

研读第5段：为了使苏武投降，卫律采用了哪些手段？你看出卫律是怎样的人？面对卫律的劝降，苏武是如何应对的？你看出苏武是怎样的人？

卫律：

恐吓：杀虞常，降张胜，吓苏武。

威逼：副有罪，当相坐；复举剑拟之。

利诱：苏君今日降，明日复然。

(气焰嚣张、傲慢自大、阴险狡诈、卖国求荣)

苏武："不动""不应""骂律"。

(视死如归、忠贞不二、一身正气、大义凛然)

置身其境，体会两处绝境。

④苏武不愿意投降，匈奴是怎样对待他的？

肉体折磨："幽武""置大窖中，绝不饮食""啮雪，咽毡毛""掘野鼠去草实而食之"等。

精神折磨："羝乳乃得归""别其官属常惠等"等。

在富贵不能淫、威武不能屈的情况下企图以贫贱移其志。苏武不畏艰苦，长年累月与恶劣环境作斗争的生存勇气，展现了他顽强的意志和坚忍不拔的精神。

⑤苏武在被囚禁流放以前两度要自杀，后来又想方设法要活下去。这是否矛盾？

不矛盾。第一次自杀是因为苏武意识到一旦被匈奴审讯，就会给国家带来耻辱，所以要自杀避免受辱；第二次自杀是在审讯时他说完一番大义凛然的话语后，这是为了杀身息祸，为国雪耻。但是后来匈奴转为劝降，劝降失败后企图用艰苦的生活条件来消磨苏武的意志，所以苏武采取的反抗方式也由之前的求死转为求生，因为他要证明汉使的气节不可折辱。

所以，当他在北海上牧羊时，他"杖汉节牧羊，卧起操持，节旄尽落"，时时提醒自己不忘使命。可见，他的求生求死都是为了维护国家民族的尊严，只不过在局势变化的情况下，他的对抗方式也在发生变化。

(2)对比两次劝降：这两次劝降有何区别？从中可见他们是怎样的人？

①李陵是怎样劝说苏武的？苏武是怎样反驳李陵的？

终不得归；自己投降的经历；现在的皇帝不值得为他守节。

苏武：蒙受国家大恩，愿报恩；从君臣关系看，也应如此。

②匈奴派卫律和李陵招降苏武，招降的情形和说辞有什么不同？从中可见他们是怎样的人？

卫律：威逼利诱、软硬兼施。（气焰嚣张、傲慢自大、阴险狡诈、卖国求荣）

李陵：动之以情，晓之以理。（为一己之私而叛国，懦弱，意志不坚，矛盾，痛苦）

苏武在面对劝降时凸显了人格魅力：面对生死存亡的考验，张胜请降，而"武不动"；面对荣华富贵的诱惑，卫律自以为得计了，而"武不应"；同样是家庭惨遭不幸，皇上不明，臣下深受冤屈，李陵绝望了，苏武却仍然一片赤诚。

正是在这层层衬托下，显示出苏武矢志如一、坚贞不移的高贵品质，苏武的形象才显得格外高大。

5. 活动四：写短评，聆听当代的回响

苏武不辱使命，荣归故里，他最让你触动的是什么？我们能从他身上汲取哪些精神力量？请你以"苏武，我想对你说"为题写一篇苏武评传，200字左右。

示例1：苏武，你是铁骨铮铮的爱国志士，不畏强权，不辱使命，不放弃坚守的方向。命运向你俯首，黑暗向你投降，正义向你挥手致敬。你是一位可歌可泣的忠诚义士！你以你的青春年华，以你的苍颜白发，在广阔无垠的草原上，见证了你高洁的灵魂；用你顽强的生命力，用你坚定的意志力，在中原大地上，树立起一座不倒的丰碑——永远不死的爱国心。十九年的执着坚守，历史记住了你，我们记住了你！

示例2：苏武，在你的生命里，国家为重，生命私利为轻。十九年的苦难与折磨，你的头发白了，胡须长了，但你依旧手持汉节，心存家国。一颗坚贞不屈的爱国之心温暖了无边的荒野，富贵不动心，威武不屈膝，你用行动捍卫了民族的尊严。你，一颗忠诚之心，照耀了千秋史册；一片报国之情，留下了万世美名。铮铮铁骨诠释了刚毅，匈奴为之战栗；悠悠心灵写尽了顽强，天地为之动容。千年苏武，不朽忠魂！

6. 课堂小结

苏武作为汉朝出使匈奴的和平友好的使者，面对"拥众数万，马畜弥山，富贵如此"的诱惑，他心志不乱；面对"绝不饮食"的苦难的磨砺，他十九年如一日地"杖汉节牧羊，卧起操持，节旄尽落"。他对气节的坚守使生命有了沉甸甸的重量。他告诉我们，生命原来需要一种精气神，至大至刚！生命原来可以如此纯粹！

我们的民族自古便有这样"宁为玉碎,不为瓦全"的仁人志士,他们共同凝聚为一座精神的长城,护卫起我们民族的一片天。希望同学们能领会他们的这种精气神,并保有这种精气神去面对人生中的苦难!

7. 拓展延伸

(1) 宁为玉碎,不为瓦全。(《北齐书·元景安列传》)

(2) 疾风知劲草,板荡识诚臣。(李世民《赐萧禹》)

(3) 出淤泥而不染,濯清涟而不妖。(周敦颐《爱莲说》)

(4) 名节重泰山,利欲轻鸿毛。(于谦《无题》)

(5) 粉身碎骨浑不怕,要留清白在人间。(于谦《石灰吟》)

(6) 人固有一死,或重于泰山,或轻于鸿毛。(司马迁《报任安书》)

(7) 人生自古谁无死,留取丹心照汗青。(文天祥《过零丁洋》)

(8) 咬定青山不放松,立根原在破岩中。千磨万击还坚劲,任尔东西南北风。(郑燮《竹石》)

二、数学学科

数学课程的设计对于学生的学习成绩和数学素养的提高起着至关重要的作用。渗透刚正教育的数学课程设计,旨在培养学生的刚正品质,提高他们的数学思维能力和解决问题的能力,最终培养出既具备扎实数学基础又拥有高尚道德品质的优秀人才。

首先,注重培养学生的刚正品质。在数学教学过程中,教师不仅要传授数学知识与技能,更要注重引导学生通过解决数学问题来锤炼刚正品格,如诚实、正直、坚韧不拔等。课堂上,教师可以巧妙利用解决数学问题的契机,让学生在解决数学问题的过程中潜移默化地培养正直和勇敢的品质。例如,当学生遇到困难时,教师可以鼓励他们勇敢面对挑战,不要逃避困难。通过这种方式,学生可以在数学学习中培养出坚韧不拔的品质,为其未来的成长之路铺设坚实的基石。

其次,注重提高学生的数学思维能力。数学是一门需要逻辑思维和分析能力的学科,因此教师应该注重培养学生的逻辑思维能力。教师可以通过设计具有挑战性的数学问题,以激发学生的思维。这些问题不仅考验学生的数学能力,更促使他们深入思考、勇于探索,从而在解决问题的过程中培养起独立思考、积极创新的精神。同时,教师可以采用实践性的教学方法,让学生在实际操作中加深和增强他们对数学知识的理解和掌握。

最后,注重培养学生的解决问题的能力。教师可以通过引导学生分析问题的本质,找出解决问题的方法,培养他们解决问题的能力。此外,教师还可以通过让学生在小组合作中解决实际问题,提高他们的实践能力和团队合作能力。

★教学设计案例

下面以"抛物线的简单几何性质"教学设计为例,课堂首先设置情境,让学生利用类比的思想,探索、归纳、总结出抛物线与椭圆、双曲线类似的性质,并与椭圆、双曲线的性质作比较,从而掌握三种曲线的性质。再通过两道例题和练习让学生进一步掌握性质的运用。在学习中,学生在一步步推导、发现、总结中学会解决抛物线中的弦、最值等问题。

"抛物线的简单几何性质"教学设计[①]

(一)教学目标

知识教学点:使学生理解并掌握抛物线的几何性质,并能从抛物线的标准方程出发,推导这些性质。

能力训练点:从抛物线的标准方程出发,推导抛物线的性质,从而培养学生分析、归纳、推理等能力。

学科渗透点:使学生进一步掌握利用方程研究曲线性质的基本方法,加深对直角坐标系中曲线与方程的关系概念的理解,这样才能解决抛物线中的弦、最值等问题。

(二)教材分析

1. 重点:抛物线的几何性质及初步运用

解决办法:教师引导学生类比椭圆、双曲线的几何性质得出。

2. 难点:抛物线的几何性质的应用

解决办法:教师通过对几个典型例题的讲解,使学生掌握抛物线几何性质的应用。

3. 疑点:抛物线的焦半径和焦点弦长公式

解决办法:教师引导学生证明并加以记忆。

(三)活动设计

提问、填表、讲解、板演、口答。

(四)教学过程

1. 情境设置

由一名学生回答,教师板书。

---

① 案例来自广州市南沙大岗中学郭浩荣老师。

问题：抛物线的标准方程是怎样的？

回答：抛物线的标准方程为 $y^2=2px(p>0)$。

与椭圆、双曲线一样，通过抛物线的标准方程可以研究它的几何性质。

根据抛物线的标准方程 $y^2=2px(p>0)$ 研究它的几何性质。

2. 探索研究

（1）抛物线的几何性质。

范围：因为 $p>0$，由方程可知 $x \geq 0$，所以抛物线在 y 轴的右侧，当 x 的值增大时，$|y|$ 也增大，这说明抛物线向右上方和右下方无限延伸。

对称性：以 $-y$ 代替 y，方程不变，所以抛物线关于 x 轴对称。我们把抛物线的对称轴叫作抛物线的轴。

顶点：抛物线与它的轴的交点叫作抛物线的顶点，在方程中，当 $y=0$ 时 $x=0$，因此抛物线的顶点就是坐标原点。

离心率：抛物线上的点与焦点的距离和它到准线的距离的比，叫作抛物线的离心率，由抛物线的定义可知 $e=1$。

其他三种标准方程抛物线的几何性质可类似地求得，教师在小黑板上给出表格让学生填写。（答案如图3-1）

标准方程	图形	顶点	对称轴	焦点	准线	离心率
$y^2=2px$ （$p>0$）	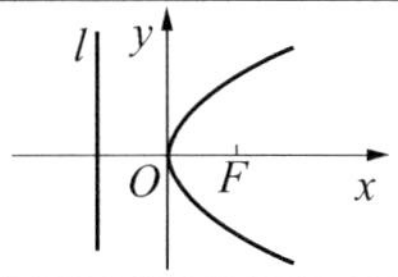	(0,0)	x轴	$\left(\dfrac{p}{2},0\right)$	$x=-\dfrac{p}{2}$	$e=1$
$y^2=-2px$ （$p>0$）	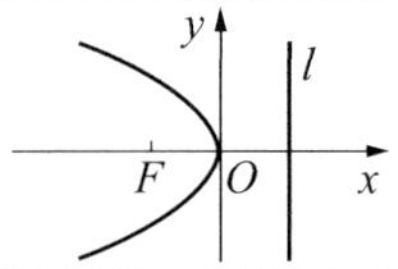	(0,0)	x轴	$\left(-\dfrac{p}{2},0\right)$	$x=\dfrac{p}{2}$	$e=1$
$x^2=2py$ （$p>0$）	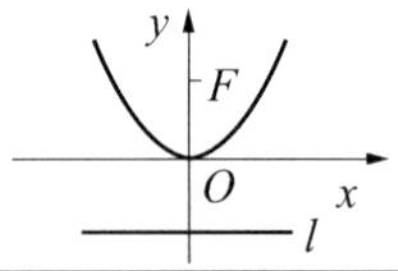	(0,0)	y轴	$\left(0,\dfrac{p}{2}\right)$	$y=-\dfrac{p}{2}$	$e=1$
$x^2=-2py$ （$p>0$）	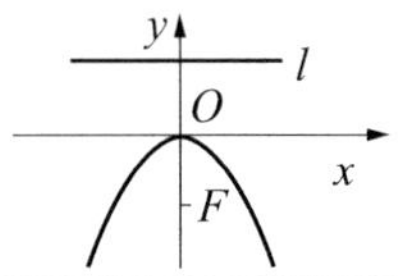	(0,0)	y轴	$\left(0,-\dfrac{p}{2}\right)$	$y=\dfrac{p}{2}$	$e=1$

图3-1

教师再向学生提出问题：与椭圆、双曲线的几何性质比较，抛物线的几何性质有什么特点?

(2)学生和教师共同做小结。

①抛物线只位于半个坐标平面内,虽然它也可以无限延伸,但没有渐近线;

②抛物线只有一条对称轴,没有对称中心;

③抛物线只有一个顶点、一个焦点、一条准线;

④抛物线的离心率是确定的,为1。

3.例题分析

(1)例1:已知抛物线关于x轴对称,它的顶点在坐标原点处,并且经过点$M(2,-2\sqrt{2})$,求它的标准方程,并用描点法画出图形。

请一名学生板演,教师予以纠正。画图可由教师讲解,步骤如下:

先描点画出抛物线的一部分,再利用对称性画出抛物线的另一部分(如图3-2)。

然后说明利用抛物线的通性,能够方便地画出反映抛物线基本特征的草图。

(2)例2:探照灯反射镜的轴截面是抛物线的一部分,光源位于抛物线的焦点处。已知灯口圆的直径为60cm,灯深为40cm,求抛物线的标准方程和焦点位置。

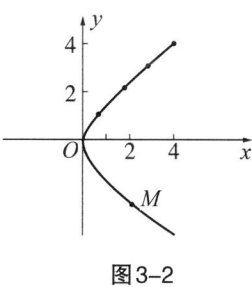

图3-2

解:如图3-3,在探照灯的轴截面所在平面内建立直角坐标系,使反射镜的顶点(即抛物线的顶点)与原点重合,x轴垂直于灯口圆的直径。

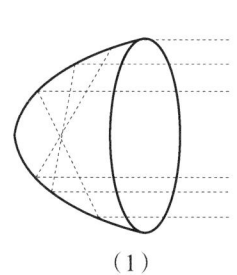

(1)

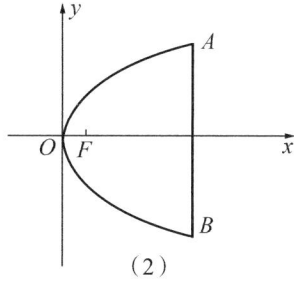

(2)

图3-3

抛物线的标准方程为$y^2=2px$($p>0$),由已知条件可得点A的坐标是(40,30)且在抛物线上,代入方程得:$30^2=2p \cdot 40$,解得$p=\dfrac{45}{4}$。所以所求抛物线的标准方程为$y^2=\dfrac{45}{2}x$,焦点坐标是$(\dfrac{45}{8},0)$。

4.随堂练习

（1）求满足下列条件的抛物线方程。

①顶点在原点，关于x轴对称，并且经过点$M(5,-4)$。

②顶点在原点，焦点是$F(0,5)$。

③顶点在原点，准线是$x=4$。

④焦点是$F(0,-8)$，准线是$y=8$。

（2）一条隧道的顶部是抛物线拱形，拱高是1.1m，跨度是2.2m，求拱形的抛物线方程。

答案：（1）①$y^2=\frac{16}{5}x$；②$x^2=20y$；③$y^2=-16x$；④$x^2=-32y$。（2）$x^2=-1.1y$。（要建立坐标系）

5.总结提炼

抛物线的几何性质和椭圆、双曲线比较起来，差别较大。它的离心率等于1；它只有一个焦点、一个顶点、一条对称轴、一条准线；它没有对称中心，也没有渐近线。

6.布置作业

（1）顶点在原点、焦点在y轴上，且过点$P(-6,-3)$的抛物线方程是（　　）。

A. $x^2=12y$　　　　　　　　B. $x^2=-12y$

C. $y^2=12x$　　　　　　　　D. $y^2=-12x$

（2）若抛物线$y^2=2px(p>0)$上横坐标为6的点到焦点的距离为8，则焦点到准线的距离为（　　）。

A. 1　　　　B. 2　　　　C. 4　　　　D. 6

（3）若垂直于x轴的直线交抛物线$y^2=4x$于点A、B，且$|AB|=4\sqrt{3}$，则直线AB的方程为_____。

（4）某抛物线形拱桥水面宽4m时，水面离拱顶2m，若水位下降1m，则此时水面宽为_____。

（5）抛物线的顶点是双曲线$16x^2-9y^2=144$的中心，而焦点是双曲线的左顶点，求抛物线方程。

（6）若抛物线$y^2=2px(p>0)$上一点P到准线及对称轴的距离分别是10和6，求点P的横坐标及抛物线方程。

答案：（1）B；（2）C；（3）$x=3$；（4）$2\sqrt{6}$m；（5）$y^2=-12x$；（6）9，$y^2=4x$

三、历史学科

在历史学科的教学中，一个重要的学习任务和培养学生学习兴趣的手段是培养学生用历史的眼光观察当今世界，认识现实生活，使学生能在古今关联中继承优秀传统文化，汲取精神营养，提高悟出某些规律性认识的能力。教育实践证明，学生对于能够切实影响现实生活的知识抱有极高的兴趣。鉴于此，教师在教学中应当积极探寻历史与现实的结合点，将历史教学的过程与激发学生学习兴趣的目标相融合，在提升历史教学品质的同时，也促进学生综合素质的发展。具体而言，可以从历史的借鉴功能和历史的继承性两个方面寻找古今结合点。

一方面，从历史的借鉴功能方面寻找古今结合点。

第一，运用历史唯物主义、辩证唯物主义的基本观点和有关历史规律，分析预测某一事物的发展趋势，培养学生的历史预见性。比如，在讲授两次世界大战之后，教师可以出一道题目：针对两次世界大战的原因，结合当前的形势对战争与和平的前景作展望。经过教师的引导，学生在讨论的基础上得出了两点结论：①只要帝国主义存在，世界战争的危险就依然存在；②和平与发展已经成为当今世界的两大主题。

第二，让学生尝试用现代观念去解决历史问题，在新旧观念的碰撞中深刻地记忆、理解历史，从而确认某种现代观念。比如，在讲授辛亥革命纲领之前，教师提出问题："在当时的历史条件下，如果让你参与制定革命纲领，它的内容应当是什么？请说明理由。"由于这个问题满足了学生运用学过的知识探索、发现、研究问题的强烈愿望，因此学生们的思维异常活跃。教师再让学生将自己提出的内容与教材提供的内容相对照，想想产生差异的原因。以此来引导学生站在历史唯物主义、辩证唯物主义的立场上，从当时的社会背景、民族资产阶级的革命性和妥协性入手进行分析，得出民族资产阶级只能提出一个既有革命性又具有明显妥协性的革命纲领的结论，进一步认识到民族资产阶级不能领导中国革命取得胜利的历史必然性。最后，在借鉴中确认，只有共产党才能救中国。

第三，用概括现代事件的思维方法分析概括历史上相似的史实，理解历史，认识现实。比如，在谈到当今世界形势的变化时，一些政治家常常这样概括：苏联解体，冷战结束，世界的政治格局发生了重大变化，正在向多极发展。据此，教师可以向学生提出问题："第一次世界大战对世界政治格局产生了怎样的影响？"由于学生已经从当代政治家的分析概括中理解并初步接受了"政治格局"这一概念，因此在分析概括时，学生就会在模仿名人的欲望的驱使下产生学习积极性。让学生从不同于教材叙述的角度去认识、把握历史，学生就会在已经熟悉的"政治格局"所蕴含的思维特征的暗示下，自觉地将当代政治家观察、分析当今世界形势的思维方式迁移到对这段历史的分析概括上，完成理解的学习过程。

第四,针对现实生活中的热点问题,联系历史,探究根源,加深理解,强化历史学科的德育功能。以人权问题为例,教师可以向学生提出问题:"1993年8月,美国的洛杉矶联邦地区法院,以侵犯民权罪判处殴打超速行驶的黑人青年罗德克·金的两名警察30个月的监禁。据美国的一些报纸评论,按美国法律正确量刑,当判两名警察10年10个月的监禁,外加25万美元罚款。请问上述判决说明了什么?"这一问题的回答过程,是学生将历史与现实结合起来再认识过程,学生在探究这一事件发生的社会历史根源的同时,在较高的层次上了解有关人权的知识。

另一方面,从历史的继承性方面寻找古今结合点。在这方面教师可以引导学生从制度、政策、思想、文化等史实的历史延续上去认识历史,把握现实,强化学生古为今用的学习意识。比如,在讲到西藏的史实时,教师可以向学生提出问题:"1996年6月,国务院派代表去西藏主持掣签仪式,认定第十一世班禅。请说出这一做法的历史依据。这件事说明了什么?"通过回答问题,学生对西藏的历史与现实有了更清醒、正确的认识。又如,在讲到宋、元、明三代的对外经济文化交流时,为了让学生从继承历史传统的意义上去认识改革开放的必然性,教师把一位历史学家的观点交代给学生:"中国文明曾经影响了全世界的进步和发展,中国历史上曾有开放的时代,中国人敞开博大的胸怀,拥抱了来自印度、阿拉伯,甚至地中海沿岸的文明,洗礼了自己,包容了世界,丰富了人类的文明。"然后,教师让学生用史实证明这一观点的正确性。这位史学家以精辟且深情的语言,将学生带入一种为自身民族辉煌历史深感自豪与激动的氛围之中。在随后深入探索史实的思维活动中,学生不仅加深了对民族历史的认知,更深刻地领悟到了当前我国改革开放事业所承载的重大意义与产生的深远影响。

★教学设计案例

下面以"洋务运动和边疆危机"教学设计为例,通过了解洋务运动的主要内容,解读史料以提高运用辩证唯物主义的观点,全面、发展地评价历史事件的能力,树立中国特色社会主义道路自信,涵养家国情怀。在古今深刻关联中,学生们不仅能够继承并弘扬优秀传统文化,还能在这一过程中锤炼出刚正品质,成为具有深厚文化底蕴与时代担当精神的新时代青年。

"洋务运动和边疆危机"教学设计[1]

（一）课标分析

《义务教育历史课程标准（2022年版）》提出：了解洋务运动的主要内容，初步认识洋务运动的作用和局限性。

第一，"了解洋务运动的主要内容"是指学生能通过学习弄清楚洋务运动的背景、时间、目的、口号、代表人物、过程及措施。（概括能力）

第二，"初步认识洋务运动的作用和局限性"是指学生能通过史料分析确定洋务运动是我国近代化的开端，对我国资本主义的发展与抵制外来侵略都有一定的积极意义。了解洋务运动之所以最终失败，根本原因是受限于封建政府的腐败，同时遭受外国资本的强烈竞争压力，这些因素共同作用，导致在甲午战争期间洋务运动宣告破产。（鉴别能力）

（二）教材分析

本课为八年级上册主题单元"觉醒年代——把握时代脉搏，探寻救国良方"的第一课时。近代中国百余年的历史发展，呈现出两条鲜明的主线：一是列强的侵略与中国人民的抗争，二是中国近代化的探索。面对日益严重的民族危机，中国人民为反抗列强侵略，争取民族独立，开始了救亡图存的探索。洋务派官员为富国强兵以图自救而开展的洋务运动，为中国的近代化开辟了道路。通过对本课的学习，学生对"近代化"这一概念有了初步认识，为之后的学习奠定了思维基础。

（三）学情分析

第一，认知因素。学生对此历史事件应当是耳熟能详，虽距离学生的实际生活较远，但其积累了一年的历史学习经验，史料阅读能力和历史事件概括能力皆有所提高，因此本课在讲解中应注意运用历史地图、史料加深学生对洋务运动事件的理解。

第二，非认知因素。初一学生正处于从感性认知向理性认知的过渡时期，一方面直观的、有趣味性的知识更能吸引他们的注意，另一方面，经过初一历史课程的学习，学生也有了一定的学科思维能力。总体上看，学生感性认知要强于理性认知，但思辨能力不强。

（四）教学重难点

重点：洋务运动的主要内容。

难点：评价洋务运动（作用、局限性）。

---

[1] 案例来自广州市南沙大岗中学陈福志老师。

（五）学习目标

第一，学生通过解读材料并结合所学知识，概括洋务运动发生的背景，提高获取和解读信息的能力，增强时空观念。

第二，学生通过填图概括洋务运动的主要内容，分析洋务工业的分布特点，提高分析历史问题的能力，增强时空观念。

第三，学生通过分析材料对洋务运动进行评价，初步认识洋务运动的作用和局限性，提高历史解释的素养；通过解读史料，提高运用辩证唯物主义的观点全面、发展地评价历史事件的能力，树立中国特色社会主义道路自信，涵养国家情怀。

（六）导学案

洋务运动			
时间		第二次鸦片战争后	
目的			
口号			
成就	军事工业	安庆内军械所（曾国藩）、江南制造总局（李鸿章）、福州船政局（左宗棠）	
	民用工业	上海轮船招商局、开平矿务局（李鸿章）；汉阳铁厂、湖北织布局（张之洞）	
	教育措施	兴办_____，培养翻译和军事人才（知识拓展：中国第一所新式学堂为_____，在今北京）	
		设立_____，翻译外国科技书籍	
		派遣_____出国深造	
	新式海陆军	陆军	时间：_____　名称：_____ 成就：1875年，左宗棠采取"_____"的策略，率领使用新式武器和新式训练方式的清军收复新疆。1884年清政府在新疆建立行省
		海军	19世纪70年代开始筹建新式海军；19世纪80年代福建、广东、_____（李鸿章创建）、南洋等海军初步建成；1885年清政府成立海军衙门统一协调指挥海军
代表人物	中央	恭亲王	
	地方	_____等人	

（七）教学过程

1. 环节一：预习检测

学习任务：核对表格。

教学内容：教师对学生作业进行纠正，出示正确表格。

导入：那么同学们可以找一找，在洋务运动的内容中哪些是著名历史人物李鸿章主持的呢？作为洋务运动的重要领导人之一，李鸿章曾这样说过，时至今日，地球诸国通行无阻，实为数千年来未有之变局。那么，到底是什么样的时代让他发出了如此感叹？面对变局他又做了哪些努力？让我们一起进入今天的学习：近代化的早期探索——洋务运动。

评估要点：学生可以叙述洋务运动概况，正确记忆基本史实。

2. 环节二：洋务运动背景

学习任务：将材料分层，提取内忧外患的背景；提取材料关键词，分析出洋务运动的目的为自强求富。

教学内容：

（1）材料1：他们这样做的目的是想"平中国，敌外国"。所谓"平中国"就是剿灭太平军、捻军；"敌外国"就是第二次鸦片战争后阻止洋人的入侵，然而他们对外国侵略者有很大的依赖性，靠洋人帮助他们生产洋枪、洋炮，靠洋人帮助他们训练洋枪、洋炮队。——摘编自余维学《洋务运动对中国社会的影响》

学生根据材料1，概括洋务运动发生的背景。

方法指导：阅读历史材料的方法——分层概括。

过渡：面对如此严峻的形势，救亡图存成了时代的主题。关于如何救国，请大家阅读材料2，思考以李鸿章为代表的洋务派认为两次鸦片战争失败的原因在于什么。

（2）材料2：中国文武制度，事事远在西人之上，独火器（火药武器）万不能及。中国欲自强，则莫如学习外国利器（坚船利炮），欲学习外国利器，则莫如觅外国制器之器（技术）。——《江苏巡抚李鸿章致总理衙门原函》

学生根据材料2，思考以李鸿章为代表的洋务派认为两次鸦片战争失败的原因在于什么。

评估要点：学生通过解读材料并结合所学知识，概括洋务运动发生的背景，提高获取和解读信息的能力，增强时空观念。

3. 环节三：洋务运动内容

学习任务：将企业拉到对应位置概括分布特点，分析原因。

教学内容：

（1）教师讲解：江南制造总局，仿制西洋的船炮枪械，先后有十几个分厂，雇佣工兵 2800 多人，提供给新式陆海军，所以这些军队使用新式武器和新式训练方式；汉阳铁厂为军事工业中的武器提供原材料，是当时亚洲第一家集冶铁、炼钢、轧钢于一厂的现代化钢铁联合企业，成立之初从英国购入双缸卧式蒸汽原动机；京师同文馆当时有英法俄文、算数、天文等课程。（冶铁、炼钢、轧钢可能会对社会环境造成环境污染，大量砍伐树木会造成植被破坏）

根据课本内容与预习检测提示，将洋务运动的成就编号填到地图对应位置（图3-4）。思考这些企业在地域上的分布有什么特点。

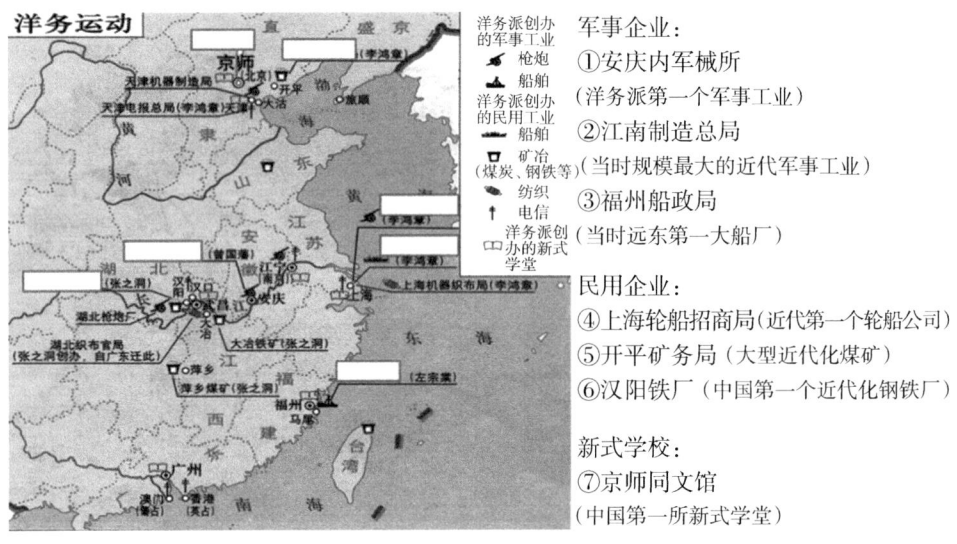

军事企业：
①安庆内军械所
（洋务派第一个军事工业）
②江南制造总局
（当时规模最大的近代军事工业）
③福州船政局
（当时远东第一大船厂）

民用企业：
④上海轮船招商局（近代第一个轮船公司）
⑤开平矿务局（大型近代化煤矿）
⑥汉阳铁厂（中国第一个近代化钢铁厂）

新式学校：
⑦京师同文馆
（中国第一所新式学堂）

图3-4

追问：为什么会出现这样的分布特点？

答案参考：交通运输方便，资源丰富，明清历史基础，外国侵略者最早进行侵略的地区。

（2）教师讲解：以李鸿章创办的上海轮船招商局为例，它是中国在近代史上的首家轮船运输企业，于1872年创立。在1873—1893年间，它的出现打破了长江内河航运原本由美国旗昌、英国太古和英资怡和三家洋人船务公司所垄断的局面。后来，上海轮船招商局更是以220万两的巨资收购了旗昌公司。其业务不仅覆盖了长江和沿海的航运市场，还成功拓展至英国、日本、新加坡、美国等多个海外国家和地区。

评估要点：通过填图概括洋务运动的主要内容；分析洋务工业的分布特点，提高分析历史问题的能力，增强时空观念。

4.环节四：洋务运动的影响

学习任务：写出洋务运动的影响，用所学知识解释李鸿章的自我评价。

教学内容：

（1）教师展示材料3、4。

材料3：受洋务运动引进西方先进技术的诱导，一些私人资本开始投资创办近代资本主义企业。1872年，华侨商人陈启沅在当时的广东南海县简村开办继昌隆机器缫丝厂。1878年，道员朱其昂在天津设立贻来牟机器磨坊。此外，还有造纸、制茶、制糖、制药、碾米、玻璃等近代工业出现。

材料4：洋务派办的军事工业，全是官办性质，不但不能自主经营，而且在管理方式上还存在官僚衙门的恶习。以福州船政局为例，局内人员的"薪水工食"竟占了全部经费的80%。

（2）根据课本内容与材料，写出洋务运动的作用和局限性。

追问1：哪些方面的近代化？（经济、教育、军事）

追问2：哪些是失败的根本原因？

（3）李鸿章晚年这样评价自己的洋务事业："我办了一辈子的事，练兵也，海军也，都是纸糊的老虎，何尝能实在放手办理？不过勉强涂饰，虚有其表……"请你运用本节课所学内容，谈谈你对李鸿章自我评价的理解。

5.课堂小结

如图3-5。

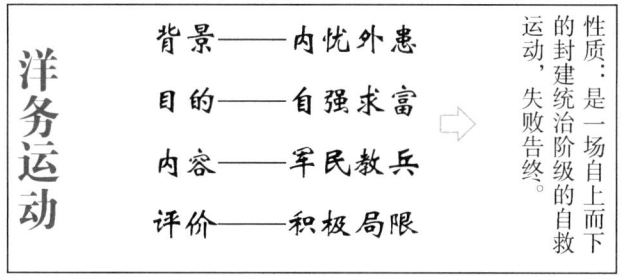

图3-5

结语：可见，封建官僚阶级没办法医治当时残破的中国。实现现代化是近代以来中国人民的不懈追求，现在的中国正沿着自己的现代化道路稳步迈进。那么什么才是近代中国的救国良方，又有哪些"医生"会登上历史的舞台？我们将在下节课进行学习。

6. 课后延伸与练习

（1）课后延伸：洋务运动给中国近代化探索留下哪些有益的启示？

（2）布置学历案检测，对接中考。

①八年级（3）班的同学准备排练课本剧《洋务运动》，如果你是导演，你将从下面历史人物中选（　　）担任洋务派的中央代表。

A. 曾国藩　　　　B. 奕䜣　　　　C. 李鸿章　　　　D. 张之洞

②李鸿章在上海联合洋枪队镇压太平军时，感叹西方国家"大炮之精纯，子药之细巧，器械之鲜明……实非中国所能及"。材料反映洋务派主张学习西方的（　　）。

A. 民主思想　　B. 政治制度　　C. 军事技术　　D. 风俗习惯

四、政治学科

在核心素养的引领下，高中政治教学改革明确以服务、立德、树人为核心目标，精准对接社会发展对人才培育及思政课改革创新的时代需求，为思政课实践教学的深化与发展确立了清晰而坚定的方向。思想政治学科的核心素养主要包括政治认同、科学精神、法治意识和公共参与。在高中政治学科渗透刚正教育，对于提升学生的政治认同、道德修养、法治观念、人格健全和责任意识具有重要意义。

第一，刚正教育强调正直、公正的价值观念。在政治学科中渗透刚正教育，有助于加深学生对国家政治制度、国家意识形态的理解和认同。

第二，刚正教育强调高尚的个人品德和规范的行为。在政治教学中，通过引入道德教育的元素，如诚信、责任、尊重等，引导学生树立正确的道德观念，规范自身行为，形成良好的道德习惯。通过讨论和分析社会热点问题，学生学会从不同角度审视问题，培养独立思考和批判性思维的能力。

第三，在政治教学中，通过讲解法律知识、分析法律案例、模拟法庭等，使学生了解法律的基本原则和运作机制，树立尊重法律、遵守法律的意识，加深对法治观念的理解和认同。这与刚正教育倡导的公正、正直相吻合。

第四，在政治教学中，通过引导学生关注社会问题、参与社会实践，可以培养学生的社会责任感和公民意识。同时，通过心理健康教育、挫折教育等方式，可以帮助学生建立积极向上的心态和面对困难的勇气，从而形成健全的人格。这正是刚正教育所追求的人格素养。

第五，在政治教学中，通过讲述事件中人物的责任感、分析社会事件中人物的责任担当，可以激发学生的责任意识。同时，通过组织志愿服务、社会调查等活动，使学生可以亲身体验到为社会、为他人付出的成就感，进一步增强责任意识。

★**教学设计案例**

当前,中华优秀传统文化的创造性转化与创新性发展(简称"两创"),是当今中国文化事业发展的一项重大政策。通过政治学科的学习,学生可以了解到"两创"是十分重要的。下文以"弘扬中华优秀传统文化与民族精神"教学设计为例,围绕"杭州亚运会"这一时政素材设计,从杭州亚运会中华优秀传统文化的弘扬到中国健儿彰显的中华民族精神,从课前自主学习到课堂的启发互动再到课后的总结留白,让学生理解创造性转化与创新性发展的要求,深刻领悟民族精神在中国建设与改革历程中的非凡意义。教学设计了互动活动和自主学习,充分发挥学生的主体性。教学中,不仅激发学生对中华优秀传统文化的自豪感,更引导他们自觉传承与弘扬中华民族精神,进而促进政治认同与公共参与素养目标的达成。

"弘扬中华优秀传统文化与民族精神"教学设计[①]

(一)教学目标

1. 必备知识

创造性转化与创新性发展的要求;中华民族精神的内涵、核心、重要性、措施。

2. 关键能力

理解能力:理解创造性转化与创新性发展的要求,认同爱国主义是中华民族精神的核心,懂得民族精神对民族复兴的巨大作用。

探究能力:探究创造性转化与创新性发展之间的关系和对待传统文化的态度,体会民族精神的内涵及表现,阐述党领导人民在不同历史时期形成的民族精神。感受中华民族精神的重要作用。

应用能力:积极推动中华优秀传统文化创造性转化与创新性发展,积极弘扬民族精神,践行社会主义核心价值观。

3. 学科素养

政治认同:在中国特色社会主义建设的新时代,认同对传统文化的创造性转化与创新性发展的重要意义。

科学精神:正确认识民族精神随着时代的变化而不断地丰富和发展。

公共参与:积极弘扬和培育中华民族精神,努力践行社会主义核心价值观,实现中华民族伟大复兴的中国梦。

---

① 案例来自广州市南沙大岗中学李秋影老师。

4. 核心价值

认同民族文化，弘扬民族精神。

（二）教学方法

情景教学、启发式教学、参与式教学、案例教学。

（三）教学重难点

教学重点：中华民族精神的内容及重要性。

教学难点：创造性转化与创新性发展和弘扬民族精神。

（四）教学过程

1. 导入

教师活动：创设情境，课前播放杭州亚运会开幕式视频引入新课。

学生活动：观看视频，做好课前准备。

设计意图：以杭州亚运会为情境引入本节课学习。

2. 环节一：感受杭州亚运会传统与现代碰撞的中国式浪漫

教师活动：

（1）启发：请学生上台介绍搜集的杭州亚运会文化元素，根据课前对"两创"自学的情况，以小组合作方式分析讨论杭州亚运会是如何弘扬中华优秀传统文化的。教师引导学生将得到的结论与"两创"知识对接，让他们总结"两创"要求，教师再针对学生分析讨论的情况予以总结，梳理知识点。

（2）留白：通过点评小组合作成果，教师深入讲授创造性转化与创新性发展的区别，帮助学生突破"创造性转化与创新性发展"这一教学难点。

学生活动：

（1）课前搜集杭州亚运会文化元素，并结合课前对"两创"知识的自习，思考杭州亚运会是如何弘扬中华优秀传统文化的，总结"两创"的要求。

（2）学生以小组合作方式上台参与课堂活动。根据分析讨论结果将课件中的关键词模块拖动到对应的表格中。

设计意图：学生通过查找资料感受杭州亚运会对中华优秀传统文化的弘扬。学生通过杭州亚运会的做法总结"两创"的要求，提高自主学习的能力；激发学生参与的兴趣和积极性。为学生的课堂参与和小组探究搭建平台。

3. 环节二：读懂杭州亚运会背后的民族精神

教师活动：

（1）启发：播放杭州亚运会超燃视频，激发学生共鸣，感受体育精神的震撼力量。通过三则材料（材料1拼搏是最美的底色，材料2温暖汇聚体育力量，材料3"中国红"激扬爱国情）引导学生以小组为单位，以小组合作方式读懂杭州亚运背后的民族精神。

（2）留白：为国争光是中华体育精神的首要内容，同民族精神的文化基因一脉相承，它是对中华民族精神的丰富和发展，也是对中华民族精神的生动诠释。自1921年成立以来，中国共产党带领我们走过了百年的峥嵘岁月，在这100多年的奋斗历程中，我们的民族精神得到了怎样的丰富和发展呢？

（3）留白：通过对伟大抗疫精神的讲解，引导学生把伟大抗疫精神与其他精神结合起来思考，分析各个时期民族精神与中华民族之间的关系，进而分析总结出民族精神的"不变"与"变"。

学生活动：

（1）根据课前对民族精神内涵的自主学习，以小组为单位分析三则材料体现的民族精神，加深对民族精神内涵、核心、体现的认知，巩固自主学习结果。

（2）根据课前预习，结合必修1教材内容，上台拖动民族精神的模块到对应的时间阶段。

（3）学生结合生活实际，在理解抗疫精神的同时，分析其与中华民族精神之间的关系，进一步思考各个时期民族精神与中华民族精神之间的关联。明确民族精神"变"与"不变"。

设计意图：第一，课前安排学生自主学习这部分的内容，培养学生自主学习的习惯。第二，通过对材料的分析找到其精神实质，激发学生的爱国主义热情。培养以爱国主义为核心的民族精神。第三，教师检查学生的自主学习的情况，引导学生懂得中华民族精神在不同历史时期有着不同的表现形式。第四，通过对抗疫精神与中华民族精神关系的探究，使学生明确各个时期的民族精神是中华民族精神的具体表现，都体现爱国主义这个核心，都是对中华民族精神的传承和弘扬、继承和发展。

4. 环节三：铸中华体育魂，逐民族复兴梦

教师活动：通过一则材料让学生分析历久弥新的中国体育精神对中华民族伟大复兴的重要作用。

学生活动：根据对材料的分析得出结论，并从中感悟中华民族精神的重要作用。

设计意图：通过体会体育精神在民族复兴中的重要作用，让学生懂得民族精神在中国建设、改革中的巨大作用，增强对中国共产党、对祖国的热爱之情。

5. 环节四：从杭州亚运会看中国青年力量

教师活动：伟大时代创造伟大精神，伟大精神推动伟大时代。纵观人类发展的历史，任何一个民族的兴衰，都与是否有一种高昂的民族精神直接关联。

只有弘扬和培育民族精神,并不断赋予其新的时代内涵,中华民族才能始终保持朝气蓬勃的精神面貌,才能在新时代的征程上乘风破浪。请你结合生活实际,谈谈作为新时代的青年应当如何弘扬和培育民族精神。

学生活动:根据自己的实际情况,结合中国健儿为国争光的荣耀时刻,谈谈我们应如何弘扬民族精神,为国家贡献力量。

设计意图:为课后学生实践提供现实路径,引导学生自觉弘扬中华优秀传统文化与民族精神,从而实现政治认同和公共参与的素养目标。

6. 课堂小结

本节课主要学习了两大方面的内容,一是如何通过创造性转化与创新性发展弘扬优秀的传统文化,二是从是什么、为什么、怎样做的角度学习民族精神。

文化是什么?是千百年来传承的风骨,是唐雎为国家而直面秦王的布衣之怒;是潇潇易水旁,荆轲刺秦王时明知不可为而为之的决心;是近现代抗日战争中,每一位浴血奋战的战士;是邓稼先、于敏等人远离家乡,奔赴戈壁,为国防力量作出的贡献。

中华民族凭借自己文化中所传承的信念,一代又一代人,奋勇向前。仅仅70年就追上了西方200多年的发展。希望如今的青年能接过历史的接力棒,弘扬中华优秀传统文化与民族精神,为国家的文化软实力贡献自己的一份力量。

7. 课后作业

结合对"两创"的学习和教材的相关链接,探究如何对待传统文化。

五、生物学科

法国著名微生物学家路易斯·巴斯德有句名言:"All life comes from life." 意思是所有生命都来自生命。这句话揭示了生物学的一个基本原理,即生命的起源和延续性。生物学是自然科学中一门以"生命"为研究对象的基础课程,学生能够在生物学课程中感受生命的宏伟与脆弱、简单与复杂,从而认识生命、探索生命、珍惜生命。而生物学科核心素养是学生通过学习生物学内化的带有生物学科特性的品质,是学生的科学素养的关键成分,它包括生命观念、理性思维、科学探究和社会责任四个核心要素[①]。在生物学科中渗透刚正教育,是一个旨在培养学生正直品质、科学态度和社会责任感的过程。刚正教育强调的是公正、坚韧、责任感等品质,这些品质与生物学科的特点和核心素养的培养是契合的。

如何在生物学科中渗透刚正教育?可以从探究式教学入手。真正的学生探

---

① 李姿萱.生物教学中的核心素养培养[N].中国教师报,2023-06-14(7).

究活动是由问题引导的，学生学习的过程其实就是一个解决问题的过程。在教学设计过程中，教师把教学内容转化为有价值的、值得探究的、有多种解决方法的生命科学问题，创造条件让学生自主探究、合作学习。通过结合生物科学史进行教育、利用生物实验培养严谨态度、关注生物伦理与道德等，让学生从学习生命本质到思考生命意义，从丰富知识储备到提升素养。

★教学设计案例

下面以"群落的演替"教学思路为例，课堂抓住动态发展观实施教学，采用小组合作方式来探究问题，引导学生了解和掌握生物与环境之间的联系与相互作用，以动态发展观引导学生对演替的本质进行思考，让学生在掌握生物学知识的同时，形成正确的价值观和道德观，增强社会责任感。

"群落的演替"教学思路[①]

（一）教学背景分析

1. 学习内容与学生情况分析

本课是必修三第四章"种群和群落"的第四节"群落的演替"，本课内容较简单，学生在日常生活中也接触过许多与此相关的自然现象，所以在教学过程中学生的兴趣比较高。

2. 教学方式与教学手段

在教学过程中注意联系学生的生活经验，采用问题导学法，利用图解、多媒体课件和模型制作等加强教学的直观性，加强学生对微观内容的感性认识，使学生在主动建构知识的过程中完成重点、难点知识的学习，提高思维能力，形成相应的观点。

3. 教学媒体的选择

教材、图解、多媒体课件。

（二）教学目标

1. 知识目标

第一，阐明群落的演替过程。

第二，说明人类活动对群落演替的影响。

第三，关注我国实行退耕还林、还草、还湖，退牧还草的政策。

第四，通过引导学生比较两个演替过程的相同点和不同点，掌握初生演替

[①] 案例来自广州市南沙大岗中学刘振锋老师。

和次生演替。

第五，通过引导学生联系生活中的例子后再一起讨论以及进行实地观察，来了解人类活动对群落演替的影响。

第六，通过学生上网查找相关资料，了解我国现在实行的退耕还林、还草、还湖等进展情况。

2.情感、态度与价值观目标

从以前的围湖造田、毁林开荒到现在的退耕还林、还草、还湖，退牧还草让学生意识到环保的重要性和必要性。

3.能力目标

第一，通过群落演替的过程培养学生要用动态发展的观点来分析事物。

第二，从生活中大家都熟悉的现象来分析新的问题，从而培养学生仔细观察、全面独立分析问题的习惯。

（三）教学重难点

群落的演替过程。

（四）教学思路

本节紧紧抓住动态发展观实施教学。如果说群落的结构可从横向进行剖析，是现时性的，那么在群落的演替中，教学要用历史性的眼光，从纵向进行寻踪。群落是一个动态系统，它时时刻刻都在发生着生物与生物之间、生物与环境之间的相互作用。在正常情况下，大多数群落中物种结构相对稳定。但是，当群落结构受到干扰或破坏，一些种群消失了以后，总会有其他一些种群来占据这个群落的空间，经过一段时间，又会有另一些种群兴起，逐渐取得优势。群落演替是一个长期的过程，总是向着群落恢复相对稳定状态的方向进行。

有条件的学校，在进行"问题探讨"内容的教学时，可以让学生观看录像资料片（或类似方法），引发学生思考。事实上，学生对群落演替的现象并不陌生，只是没有建立起概念与现象之间的联系。在教学中，教师应尽可能从学生熟悉的事例出发，引导出群落演替的各个阶段。值得注意的是，教师要始终围绕着生物与生物之间、生物与环境之间的联系与相互作用，以动态发展观引导学生对演替的本质进行思考。

"弃耕农田上的演替"的教学可以让学生与"发生在裸岩上的演替"过程相比较，分析共同点与不同点。提示学生思考：农田是人类对自然群落进行改造的产物，在农田上群落的演替能否恢复为原有的自然群落呢？在学习了这两种演替类型后，教师再引出"初生演替"与"次生演替"的概念，学生就比较容易理解。

关于"人类活动对群落演替的影响"的教学，教材中提供了"践踏对草地群落的影响"的素材，意在从贴近学生生活经验的事例展开教学。"走的人多了就成了路"，这是一个在日常生活中极为常见的事例，但人们未必从群落演替的角度思考过这一问题。教学要在"熟悉的，未必是知道的"题目上做文章，培养学生观察现象、发现问题的能力。建议有条件的学校，让学生在野外进行实地考察，在课堂中组织讨论。

实地考察时，提示学生根据踩踏情况，将杂草进行分类：经常被踩踏的地方的种类；轻微被踩踏的地方的种类；不太被踩踏的地方的种类。让学生进行较长期的观察，将观察到的情况列表记录，必要时将观察到的情况绘图，或用拍摄照片的方式进行记录。观察时要注意以下内容：杂草的种类；杂草茎秆高度和长势；杂草生长的密度和蔓延的方向；杂草周围树木生长情况等。可挖出一些草本植株，观察其根的形态。

在讨论的基础上，进一步提出根据相关资料（也可让学生举例）分析人类活动对草原、森林、水域生物群落的影响。在分析中要把握：第一，人类活动往往是有目的、有意识地进行的，可以对生物之间、人类与其他生物之间以及生物与环境之间的相互关系加以控制，甚至可以改造或重建起新的关系；第二，人类可以砍伐森林、填湖造地、捕杀动物，也可以封山育林、治理沙漠、管理草原。人类活动往往会使群落演替按照不同于自然演替的速度和方向进行。

由此引出"退耕还林、还草、还湖，退牧还草"。建议这部分内容采用上网调查或通过其他渠道收集资料的方法进行教学，让学生自己调查：第一，我国水土流失造成的严重后果，使政府意识到必须与大自然和谐相处，绝不能以牺牲环境和浪费资源为代价求得一时的发展，必须走可持续发展道路，处理好经济发展同人口、资源、环境的关系，致力于生活环境的改善；第二，《退耕还林条例》的主要内容及意义；第三，政府在实施"退耕还林、还草、还湖，退牧还草"时的主要政策，等等。

要注意的是，教师在教学中要一分为二地看待人类对群落演替的影响，引导学生正确看待人类生存和发展与群落演替的良性发展之间的关系。

人类活动对群落演替影响的另一个重要方面表现在外来物种的入侵。关于外来物种入侵，在人教版教材中已有所介绍，由于在本节练习中涉及了这方面的知识，故在本节中该概念没有出现，仅适当介绍相关内容：

首先，人类活动有时会有意或无意地将一种新的物种引入到某一群落之中。在适宜的条件下，这些脱离了原有生物之间相互作用关系的新物种往往会大肆扩散和蔓延开来，迅速成为优势种，打破原有群落的稳定性，危及已有物种特别是珍稀濒危物种的生存，造成生物多样性的丧失，对当地经济、社会造成巨大危害。

其次，与人类对环境的直接破坏不同，外来入侵物种对环境的破坏及对生态系统的威胁是长期的、持久的。当人类停止对某一环境的污染后，该环境一般会逐渐恢复；而当一种外来物种停止传入一个生态系统时，已传入的该物种个体并不会自动消失。由外来物种入侵导致的本地物种的灭绝往往是不可恢复的。

最后，目前我国已公布了外来入侵物种名单。1982年，原产美国的松材线虫在南京中山陵附近首次发现传入我国，到2001年已经在江苏、安徽等10多个省80多个县（市）发现松材线虫，每年致死松树600多万株，造成的直接经济损失达数十亿元。随着我国对外交流活动的不断增多，防止外来入侵物种的危害已成为保护生态环境的一项重要而艰巨的任务。

（五）学习效果评价设计

本节课多次采用小组合作方式来探究问题，因此学习效果评价以学习小组为单位进行。评价标准如下：

优：组内成员人人积极思考，踊跃参与讨论与模型制作，互相学习与纠错，共同顺利完成本节课的学习任务。

良：大部分组内成员积极参与，较好地完成了本节课的学习任务。

差：组内成员没有合作意识，没有讨论、交流与互评等活动。

第四章

刚正优师，优化教师队伍

第一节　刚正优师建设工程

教育质量是学校的生命线，教师则是教育质量的关键。一个具备高水平教育教学能力的教师，能够关注学生的个体差异，因材施教，并能够激发学生的学习兴趣，培养他们的创新思维和实践能力，引导他们形成正确的世界观、人生观和价值观，帮助学生实现全面发展。提高教师教育教学能力，意味着教师能够更好地掌握教育规律，运用科学的教学方法和手段，提高课堂教学的有效性和针对性。这将直接促进学生学业成绩的提升和综合素质的增强，进而提升学校的整体教育质量。

教师是学校教育教学的直接实施者，是学生成长道路上的引路人和指导者，他们的专业素养和创新能力直接决定了学校教育的质量和特色。高水平的教师能够根据学校的办学理念和目标，结合学科特点和学生实际，创造性地开展教育教学活动，从而推动学校形成独特的教育风格和特色。因此，提高教师教育教学能力对于学校特色形成、学生全面成长，以及教育质量的整体提升都具有深远的意义。

2022年，教育部等部门印发《新时代基础教育强师计划》，旨在全面深化新时代教师队伍建设改革，加强高水平教师教育体系建设，培养高素质、专业化的中小学教师队伍，从而推动教育高质量发展。提高教师的教育教学能力是一个持续且多维度的过程，涉及个人成长、学校培训及政策支持等。对教师个人来说，紧跟学科前沿，定期阅读最新的学术论文、研究报告和教育期刊，了解所教学科领域的最新研究成果和动态；通过参加教育研讨会、教师工作坊和在线课程，学习新的教育理念和教学方法；定期对自己的教学过程进行反思，通过自我评估识别教学中的优点和不足，制订具有针对性的改进计划。对学校而言，一般来说，有加强师德师风建设、专业发展与培训、搭建交流平台、完善评价与激励机制等路径。

大岗中学秉承"让师生站上成长高地"的办学理念，关心人的需求，关心人的发展，坚持以人为本的管理理念，建立教师职业规划体系，加大教师人文素养培养力度，同时倡导"海纳百川，有容乃大"的精神风貌，促进绿色、和谐的人际生态，构建一支"精心、精炼、精细"的教师团队。

一、丰富成长路径，搭建教师成长桥梁

丰富教师的成长路径是促进教育质量和教师专业发展的关键。学校需要为教师构建丰富、多元、个性化的成长桥梁，激励教师持续学习、提升教学技能，并增强教师的职业满足感，从而达到促进教师队伍整体素质提升的目的。

（一）制订教师专业发展规划

明确的规划有助于激发教师的内在动力，鼓励教师持续学习，紧跟教育理念的革新与技术前沿的步伐，进而提升教师的职业满意度与成就感，为其职业生涯的稳健长远发展奠定坚实基础。为此，大岗中学建立教研处、学术指导委员会、教研组多种形式的学术共同体，形成具有校本特色的教师专业发展指导体系。在体系运行下，结合学校发展规划，对应教师发展目标，制订个人和团队的教师专业发展三年规划。

1. 自我评估与分析

首先，教师回顾自己的教育背景、教学经历、专业特长及兴趣爱好。其次，分析当前教学工作中的优势（如教学方法、学生管理能力）、待改进之处（如技术应用、学科前沿知识掌握）以及面临的挑战。这有助于教师识别自己的优势和不足，从而有针对性地制订提升计划。最后，明确短期（1～2年）、中期（3～5年）和长期（5年以上）的职业发展目标，这些目标应具体、可衡量、可达成、相关性强。

2. 学习与成长计划

学习与成长计划具体可以划分成四个板块，各板块根据教师个人情况和学校整体计划进行灵活配置。

第一板块：知识更新。学校为教师提供丰富多样的学习资源，如图书资料、在线课程、教学案例等，满足教师不同的学习需求。规划参加专业培训、研讨会、工作坊等，以及时更新教育理念、掌握先进教学方法并紧跟学科前沿知识的发展。

第二板块：技能提升。教师自觉学习并应用现代教育技术，如多媒体技术、在线教学平台操作、数据分析等，提高教学效率和质量。

第三板块：科研能力。学校提供机会与平台，鼓励教师积极参与或主持教育科研项目，撰写论文、案例研究等，提升科研能力和学术影响力。

第四板块：分层分类培养。学校根据教师的不同发展阶段和专业需求，制订个性化的培养计划，如新教师入职培训、骨干教师提升计划等。

3.教学实践与创新

教学实践与创新包括课程设计与实施和教学反思。课程设计与实施就是根据学情和教学目标，设计并实施创新性的教学方案，注重学生主体性和实践能力的培养。教学反思即定期记录教学过程中的成功经验和待改进之处，不断优化教学策略。在教学过程中，教师需要探索跨学科教学，以培养学生的综合素养和创新能力。

4.评估与调整

教师的成长规划需评估与调整。首先，学校对教师进行定期评估，即设定评估周期（如每学期末或每年），对规划的执行情况进行全面评估。其次，建立反馈机制，收集学生、同事、家长及领导的反馈意见，作为调整规划的依据。最后，根据评估结果和实际情况，灵活调整规划内容，确保规划的有效性和针对性。

通过以上步骤，教师可以系统地规划自己的专业发展路径，不断提升专业素养和教学能力，保持职业竞争力。

（二）搭建教师多元专业发展平台

多元平台能够为教师提供交流、合作和创新的空间，有助于教师不断更新知识、提升技能，激发创造力，推动教育教学模式的改革和创新。在此认知基础上，学校具体展开两大平台的搭建策略，以期更全面地促进教师的专业成长。

第一，搭建线下教研平台。学校各级教研组通过自培与外培相结合的方式，打造教师学习成长平台。根据区域特点，积极建立学校联合体，以校际听课评课、互访交流等形式实现资源共享和优势互补。定期组织联合教研活动，围绕共同关心的教育问题进行教学研讨，提升教师的专业素养和教学能力。

第二，依托网络教研平台。一是利用现代信息技术手段，建立网络教研社区，为教师提供在线交流、资源共享和合作学习的平台。二是通过网络直播、在线研讨等形式，邀请专家进行专题讲座和教学指导，提升教师的专业素养和教学水平。三是引导教师充分利用网络资源，如教育论坛、博客、微信公众号、在线资源库等，进行自主学习和反思交流。

（三）建设以教研组为核心的学习共同体

传统的教学模式往往侧重于教师的个体努力，忽视了教师之间的合作与交流。为了打破这一局限，需要构建一种创新的教学管理模式——以教研组为核心的学习共同体。

教师学习共同体的作用在于：一是促进教师之间的合作与交流，共同提升教学能力；二是通过集体智慧解决教学难题，提高教学效果；三是有利于教学资源的共享和优化配置，为教师专业发展提供有力支持。因此，大岗中学的教师学习共同体的实施目标主要有：第一，共同研究和解决教学中的问题，提高教学质量；第二，构建积极合作、相互学习的教研氛围，提升教师的教学能力和教育理念，以此提升学生学业成绩，促进学生的全面发展。

为了实现上述目标，学校采取了以下的实践策略：第一，建设专业性强、目标一致的教研组；第二，明确学习共同体的具体目标和发展规划，制订科学、合理的教学计划，确保教学进度和质量；第三，定期开展教学研讨活动，分享教学经验和方法；第四，强调并落实教师教学工作的"五认真"，提高教学质量；第五，组织教师进行互相观摩交流，促进共同成长；第六，提供专业培训和学习机会，不断更新教师的教育观念和提升专业技能；第七，鼓励教师进行教学研究，探索教学创新；第八，建立教学资源共享平台，实现教学资源的有效利用；第九，定期评估学习共同体的运行效果，及时调整和改进工作。

（四）推进创新实验室项目建设

从"完善制度文化、改善实验环境、丰富教学功能、助推专业发展"四个方面着手，推进学校实验教学的开展，提升创新实验室的效能。依托"人工智能室""科技室""生物园"等资源，打造特色鲜明的艺术、科学技术教育模式，营造人文与科学并举的校园文化。

二、细化教学管理，保障教学有序推进

细化教学管理，保障教学有序推进，是提升教育质量和促进学校发展的关键环节。因此，大岗中学着力加强教学过程管理，加强质量监督。教学过程管理重点放在落实分层教学、教学常规上。

（一）六大原则，树立课堂教学规范

第一，主体性原则。课堂教学实施的对象是学生，学习主体是学生，学习的过程是学生实践活动中自己体验、思考、总结知识的发生、发展的过程，从中逐步形成正确健康的情感、态度、价值观。学生学习要成为在教师指导下主动的、富有个性发展的过程。

第二，民主原则。树立民主教学思想，教师要尊重学生的人格，真情对待学生，关心爱护学生，公正对待学生，客观认识学生的差异，尤其对于学习成绩不够理想的学生，教师要多鼓励、多关怀，相信他们的潜力，建立和谐、融

洽、民主的师生关系。

第三，合作性原则。在教与学的互动过程中，教师与学生要分享彼此的思考与经验知识，交流彼此的情感体验与理念，丰富教学内容。教师要加强组织、指导学生进行合作学习，培养学生的合作意识。在备课过程中，教师与教师之间要加强合作交流，共享优质教学资源，发挥集体智慧，形成共同的施教方案，实现教学相长、共同发展。

第四，灵活操作、讲求实效的原则。在备课和施教过程中，既要总体把握课堂教学改革要求，也要体现教师个性化特点和专长，从实际出发，灵活实施教学策略，讲求实效。

第五，导、学、练相结合原则。"导中有学、学中有练、练中有导"，在教学中，学生按照教师提供的教学方案的指导进行独立或合作学习；在学习过程中，学生完成学案中提供的练习；在练习中，学生进一步体会知识的产生、发展的原理，并得到教师的适时指导，使导、学、练各环节紧密结合，形成整体。同时，课堂的最后应注意保留10~15分钟时间进行整体检测，达到当堂训练的效果。教师在学生自主学习和导学达标的阶段，可穿插安排对应的小练习。

第六，强化提高与渐进性相结合原则。在克服学生不良学习习惯、转变教学方式与学习方式的道路上，我们需要既有坚定的决心和勇气去强化改革措施，又有足够的耐心和智慧去科学规划、逐步推进。在追求教育变革成效的同时，必须尊重学习规律与学生个体差异，避免急功近利，确保每一步改革都稳健而有效。

（二）集智备课，形成特色导学案

学校根据年级和学科人员的构成，实行科组集智备课，形成各科结对稳定而又各具特色、符合本科实际的导学案。集智备课的基本程序：个人主备—集体研讨—个性修改—课后反思。

1. 个人主备——形成初案

备课组长根据教学内容进行详细分工，安排好每位教师的主备任务，每位教师根据学生的实际学习情况写出导学案初稿。备课中，要求教师认真把握课程标准和说明，弄清所备内容的学习目标、重点难点，精心设计导和学的教学情境，设计突破重、难点的学习方法和教学方法，精选导练和检测的习题。初步形成融入自己教学思想和符合学生实际学习情况的初案。

2. 集体研讨——形成共案

集体研讨是备课过程中至关重要的一步，目的在于发挥科级团体优势、集思广益、博采众长、形成符合班级学生实际学习情况的最优共案。在每周备课活动中，首先由主备人做中心发言，对下一周的导学案进行解读，并提出导学案的修改意见和具体使用方法，然后进行集体研讨。主备人综合集体意见对设计的导学案进行二次修改，形成具有集体智慧的年级导学共案。

3. 个性修改——形成特案

集体研讨后的导学案在使用前，任课教师要根据本班学生的认知基础、层次差异和学识水平，结合自己的教学风格再度思考、再次优化，在众人智慧的基础上归纳、提升、再创新，将自己具体的教学思路和方法，特别是具体的操作层面上的方法、技巧写入导学案，将导、学、练真正一体化。形成集众家之长又兼有个人特色的导学案，更好地提高教学实效。

4. 课后反思——形成定案

课后反思就是通过自我反思明白教学中的得失，写出以后改进的建议，达到改进教学实践、提高课堂教学实效和提高教师专业素养的目的。导学案主备人收集其他教师使用后的反馈意见，归纳、整理和改进导学案，形成定案。

（三）推门听课，提高常态课教学质量

学校组织"推门听课"活动，以强化常态课管理来提高课堂教学质量。具体实施中，采用听、看、查、问等形式进行，即听随堂课；看教师课堂有效教学时间、学生主体参与课堂学习的兴趣和习惯；查教师的备课和作业批改情况；对学生进行问卷调查，了解本节课中学生对基础知识的掌握情况、对教师的有效教学及自己的学习评价。使全校除行政及助理外的每位教师均能够被听到至少一次课，促成全体领导成员都能做到了解教学、参与教学、指导教学，使课堂教学质量有保证。听课节数以不同阶段的教师为参照，教龄在18年以下的教师听课节数不少于20节/学期，18年以上的不少于15节/学期，科组长、驻科级行政约20节/学期，教学线干约40节/学期。提高科组长、行政干部对课堂教学水平掌握的情况，形成"了解问题、讨论问题、解决问题"的务实作风。

（四）关注个性，提高作业与辅导管理

要求教师作业布置做到"四有四必"（有发必收、有收必批、有批必评、有错必纠），课堂教学达到精讲巧练，确保教学质量继续稳步提高。要求培优、辅差工作真抓实干：培优工作除了平时的分层教学外，年级组要统筹安排，责任到人，确保效果；补差工作除了上好补差课外，更要重视个别辅导，分类评价，及时激励。

总的来说，细化教学管理需要从多个方面入手，有助于保障教学工作的有序推进，提升教育质量和学校发展水平。

第二节　科研强校工程

教师科研是教师专业发展的重要途径。教师通过参与科研活动，将科研与教学实践紧密相联，使得科研成果反哺教学，帮助教师改进教学方法和手段，提高课堂教学的有效性和针对性，提高教师自身教育教学水平，进而提升学校整体教学质量。科研强校工程不仅可以建设一支高水平的科研团队，增强学校的科研实力和创新能力，为学校的发展提供有力支撑，还有助于学校形成独特的办学特色和优势，提升学校的知名度和影响力，推动学校向内涵式、高质量发展转变。

大岗中学根据"建设刚正特色教育基础上广州市示范性高中"的目标和需要，进一步完善教育科研管理制度。以市、区级课题的研究为载体，开展教育科研实践，探索有利于培养学生人文素养的途径与方法，促进学生人文素养的创生。积极借力外部专业科研力量，建立符合特色高中创建需要的教科研骨干团队，为规划的落实和学校特色发展提供保障。

一、教科研现状分析

为更精准地制定科研强校工程实施策略，大岗中学对本校教科研现状进行了全面诊断，从中发现有以下改进方向。

第一，教师的科研成果产出与投入的资源不成正比：与同类学校相比，本校的教科研成果排名较低。究其原因，一是绩效评价体系不完善，评价标准不明确或不合理；二是评价过程存在主观性和不公平性。解决方向：建立科学、公正、透明的绩效评价体系，明确评价标准，确保评价过程的客观性和公平性，同时提供必要的绩效反馈和指导，帮助教师提升绩效。

第二，教科研激励措施不完善，教师对于参与教科研活动的积极性不高。究其原因，一是学校的教科研激励措施缺乏针对性、多样性和灵活性，无法满足不同教师的不同需求；二是激励力度不足，难以激发教师的积极性。解决方向：深入了解教师的需求和动机，制定多样化的激励措施，如提供科研经费、晋升机会、荣誉奖励等，确保激励措施与教师个人目标和学校整体目标相一致。

第三，教师对于教科研活动的参与度低，投入不足，缺乏主动性和创新性。究其原因，教师平均年龄偏大，存在职业倦怠，工作压力过大，缺乏职业发展机会等情况导致积极性下降。解决方向：关注教师的心理健康和工作状态，提供必要的支持和帮助，减轻教师的工作压力；为教师提供多样化的职业发展路径和培训机会，激发其职业发展的动力和热情。

第四，教科研成果数量和质量不足。究其原因，一是教师科研能力参差不齐，缺乏科研培训和指导；二是投入的研究资金不足，导致教科研成果的数量和质量达不到预期。解决方向：提供科研培训，加强对教师科研能力的指导；争取更多的研究资金支持，以提升教科研成果的数量和质量。

第五，教科研活动缺乏创新性和实践性。究其原因，一是教师缺乏对新理念、新方法的了解和掌握；二是学校对教科研活动的引导和支持不足。解决方向：鼓励教师参与学术交流和研讨，了解最新的教育理念和方法；提供更多的资源和平台支持教师进行实践性的教科研活动。

第六，教科研成果转化率低。究其原因，在于学校缺乏有效的成果转化机制，教师缺乏将科研成果应用于教学实践的意识和能力。解决方向：建立有效的教科研成果转化机制，鼓励和支持教师将科研成果应用于教学实践，同时提供必要的资源和指导。

第七，教科研团队建设与合作不足。究其原因，在于学校缺乏有效的团队建设和合作机制，教师之间的合作意愿和能力不足。解决方向：建立有效的教科研团队与合作机制，鼓励教师之间的交流与合作，提升团队的整体教科研能力。

二、工程实施策略

针对学校的教科研现状分析，学校通过以下策略实施科研强校工程，整体提升教科研水平。

第一，完善科研制度。不断完善科研工作运行机制，修订和完善科研制度，全程管理学校的教育科研课题，使课题申请立项、研究过程管理、总结推广、成果鉴定等环节更加规范化；使教科研成果与教师的评优评先、绩效考核挂钩，激励教师积极开展科研活动，推动自身专业发展，实现科研强校。

第二，建立符合特色高中创建需要的教科研骨干团队。一是以教研组为单位，组建"特色课程研发实施团队"，开发特色课程，编写特色课程大纲。二是通过拓展型课程和研究型课程的教学实践，形成精品特色课程，并通过公开教学、成果展示会等方式，将特色教师的教科研成果进行展示。三是围绕学校特色发展目标，针对自身在刚正教育教学实践中遇到的问题及困惑，引导教师申报校本课题进行研究，形成全校教师强有力的人文素养培育支持系统。四是给学科带头人和骨干教师压担子，以点带面，形成浓厚的教科研氛围，形成科研工作网络，促进教师专业发展。选送对教科研感兴趣的骨干教师、优秀青年教师参加市、区级科研培训，为教科研骨干队伍储备力量。五是聘请资深专家、高校学者、科研院所研究人员、企业专业人士及社会独立机构等构成的专家团队，引领、指导、评价学校特色高中建设的推进。

第三，做好市、区级重点课题研究。课题研究是学校教育改革的重要推动力之一，通过不断探索和实践新的教育理念和方法，有助于学校根据自身特点和优势构建特色课程体系，满足学生的多元化发展需求。因此，大岗中学为做好学校重点课题"基于'刚正文化'背景下'五育并举'育人模式实践研究"的研究推进工作，通过开展子课题的研究（表4-1），带动特色课程建设、课堂教学专题研究、德育工作研究、学生培养、教师发展、学校管理和校园文化等学校发展各方面的探索实践。同时，学校也注重加强教师立项课题研究的过程管理，并结合各类教学大奖赛、论文和教学案例的撰写，进行研究成果的总结推广、参评奖励等。

表4-1　子课题研究

方向	子课题方向：基于"刚正文化"背景下
德育	德育实践模式研究（尚德课程）
	班级文化建设实践研究（尚德课程）
	德育实践模式研究（尚德课程）
智育	精准智育实践模式研究（博学课程）
体育	刚正体育课程研究（健体课程）
	刚正体育实践策略研究（健体课程）
	学生心理健康实践研究（融合课程）
美育	美育实践模式研究（雅美课程）
	美育实践行动研究（雅美课程）
劳动教育	劳动教育模式研究（勤勉课程）
	劳动教育课程融合研究（融合课程）
	劳动教育实践案例研究（勤勉课程）
刚正文化建设	刚正校本课程开发实践（融合课程）

近几年，学校开展的各级各类课题还有：中学生物综合实践活动校本课程开发研究（已结题）、《生物与环境》高中环境教育校本课程的实践研究（已结题）、以地震监测为核心的系列科普活动课程开发与实施的研究（已结题）、

中学"生态教育"特色课程开发与实施的研究(已结题)、通用技术课程中渗透建筑模型制作的实践与思考(已结题)、"刚正文化"校本课程的开发与实践研究(已结题)、创客教育在中学信息技术课程中的应用与实践研究(在研)、以通用技术项目式教学践行STEM教育理念的实证研究(在研)、中学生物探究活动课程开发与实施研究(在研)……

实践证明,课题研究鼓励教师将教育教学理论与教学实践相结合,通过解决实际问题,教师提升了自身的专业素养和教学能力。在课题研究过程中,教师不断反思自己的教学实践,总结经验教训,从而不断改进教学方法和策略,形成个性化的教学风格。

第四,建设"刚正"系列特色课程。学校从建设刚正教育特色课程起步,逐步演进到构建基于学生个性化发展需求的刚正教育特色课程群,推进学校人文素养培育特色发展。以"基于'刚正文化'背景下'五育并举'育人模式实践研究"课题为引领,构建有着鲜明教育内涵和特色的刚正教育课程群,研制刚正教育系列特色课程评价指标,形成"尚德、博学、健体、雅美、勤勉"五个系列特色课程体系。

第五,基于大数据技术,构建个性化教学实施系统。依托学校构建的师生人工智能+智慧课堂终端设备,以人工智能技术下的大数据为驱动力,构建数据驱动下的适合各学科的精准教学模式。核心研究内容是探索人工智能技术支持下的数据如何驱动优化教学流程,构建与实施人工智能技术支撑下的教师精准教学和学生个性化学习,进而探索智慧课堂下的师生互动教学策略和数据化驱动精准教学管理策略。

第六,形成教研训三位一体。依托"刚正大讲坛"开展校内科研论坛,举办优秀论文交流、课题研讨会等活动,整理和推广优秀教师的教学经验和科研成果,开展基于学校特色发展背景下的学生学习方式优化和教师角色转换的研究。通过专家引领与同伴互助相结合的方式,开展多种形式的校本培训,加强校际教科研交流与协作。同时,邀请专家和大学教授给教师开设人文素养系列讲座,拓宽教师教育视野。

三、项目研究案例

面对教师教学理念滞后、教学方法未能契合新时代学生需求,以及学生成绩提升困难等教学质量瓶颈,学校迫切需要一种革新性的教学模式,以引领教学变革浪潮,并有效促进教学质量的显著提升。基于大单元教学理念下的"学历案"教学模式,以其整体性、深度性和实践性的特点,成为大岗中学推进教学改革的首选。

以基于核心素养的"大单元教学"为抓手，打造深度教学为目标，深化精准教学模式改革，优化课堂教学，提高课堂教学的效益。在高中阶段努力使新教材落地，在高一、高二年级积极推动研究性学习、综合实践活动的开展，打造符合学校生源特点的课程。在初中阶段加强对义务教育教学质量综合评价标准的理解，建立符合大岗中学的评价体系。抓好校本培训，完善校本教学研究制度。做好校本课程建设工作，推进活动课程化，并丰富活动课程、综合实践活动内涵。

（一）实施目标

教师层面：培养教师的大单元教学意识和能力，使其能够熟练运用"学历案"教学模式进行教学设计和实施。

学生层面：提高学生的自主学习能力和问题解决能力，培养其创新精神和实践能力。

学校层面：形成具有我校特色的教学模式，促进教学质量的持续提升。

表4-2 实施目标

层面	具体目标
教师	1. 转变教学理念，深入理解"学历案"教学模式的核心理念和实践方法； 2. 提升教学设计能力，进行学历案的编写和教学设计； 3. 改进教学方法，熟练运用各种教学方法以适应不同学生的学习需求； 4. 提高教学评价能力，对学生进行全面、客观、科学的评价； 5. 促进专业发展，提升专业素养和教学能力
学生	1. 提升自主学习能力，培养自主学习意识； 2. 提高问题解决能力，以应对复杂多变的现实问题； 3. 培养创新精神和实践能力，勇于尝试和创新； 4. 提升学业成绩，为升学和就业打下坚实基础； 5. 培养团队协作、沟通表达等非认知能力，促进全面发展
学校	1. 形成特色教学模式：通过"学历案"教学模式的实践，形成具有我校特色的教学模式，提升学校的教学品质和知名度； 2. 提升整体教学质量：通过该模式的推广和实施，提高学校整体的教学质量，减小学生成绩差异； 3. 促进教师专业团队建设：鼓励教师之间的交流与合作，共同研究和改进"学历案"教学模式，形成教师专业发展的良好氛围； 4. 加强教学资源建设：优化和更新教学资源，提供必要的支持和保障； 5. 建立与教学模式相适应的评价体系：制订科学有效的教学评价标准和方法，对"学历案"教学模式的实践进行全面评价，不断完善和改进该模式

(二)实施意义

第一,更新教学理念。通过大单元教学理念,引导教师从整体和深度上把握教学内容,实现教学理念的更新。

第二,改进教学方法。借助"学历案"教学模式,以学生为中心,通过问题解决和实践探究,改进传统的教学方法。

第三,提升教学质量。通过教学模式的变革,提高学生的学习积极性和成绩,进而提升学校整体的教学成果质量。

(三)实施策略

第一,组织教师培训。通过讲座、研讨会等形式,对教师进行大单元教学和"学历案"教学模式的培训。

第二,制订实施方案。结合学校实际情况,制订具体可行的"学历案"教学模式实施方案。

第三,开展教学实践。鼓励教师在实际教学中运用"学历案"教学模式,并进行定期的交流和研讨。

第四,完善教学评价。建立与"学历案"教学模式相适应的教学评价机制,对教学实践进行及时反馈和调整。

(四)效果评价

教师评价:通过教师自评、互评和学生评价等方式,对教师在实施"学历案"教学模式中的表现进行评价。

学生评价:通过学业成绩、问卷调查和个别访谈等方式,了解学生对"学历案"教学模式的接受度和满意度。

教学效果评价:通过对学生的学业成绩、自主学习能力、问题解决能力等方面进行评价,分析"学历案"教学模式的教学效果。

附录:教师论文

实施科研强校工程以来,大岗中学各学科教师积极投入教科研工作中,以实践为导向,从解决日常教学中遇到的具体难题出发,探索如何优化教学方法,不断总结与反思,推动教学的创新与发展。以英语学科为例,学校教师蔡天全为提高高中英语教学质量,确保学生在课堂上能够习得学习英语的技巧和方法,在高中英语教学中构建了读写整合特色课程。该课程要求教师重视学生的阅读和写作能力,同时不忽视学生的口语能力培养。在读写整合特色课程教学中,写作是阅读的目的,教师引导学生从读到写,再通过多样且丰富的教学活动增强学生的英语学习兴趣,让他们的知识与技能都能得到内化。下面是蔡天全老师针对所研究的"高中英语读写整合特色课程构建"撰写的论文成果。

高中英语读写整合特色课程构建
——以 Unit 3 Travel Journal 中 Using language 为例

(一)高中英语教学中的读写整合模式

目前,高中英语教学中的读写整合模式偏向于"三段七步读写整合教学模式"。这里所说的"三段"强调的是英语中的读、写和说;"七步"的内容则较多,主要从话题进行导入,在阅读之前需要预测,且要快速阅读,阅读完后需要进行讨论和分析。当这些"读"的步骤完成之后,就可以进入"写"的阶段。为了让学生能够写出更好的作品,需要先写初稿并进行评改。"三段七步读写整合教学模式"对于教师的要求较高,需要教师深入挖掘教材,优化教学思维,需要耗费许多时间。就目前高中英语课程来看,由于教师和学生都没有足够的时间,这种方法不可能每一步都得到落实。具体来讲,高中英语教学中的读写整合模式需要教师从教学设计开始,不仅要强调教学的重点,为学生提供写作的方向,培养他们的逆向思维能力,还需要从活动设计入手,正确分析英语阅读文本,使其与写作之间建立起联系。

根据当前高中英语教材内容及教师的综合水平,建议构建读写整合课程时参照相关读写整合策略。一方面,教师可以以英语基础知识为切入点,引导学生模仿经典文本来写作,在作文中运用经典词汇及新学词汇;还可以应用典型句型及语法结构。另一方面,教师可以引导学生以文本内容为切入点,选择自己感兴趣的文本进行续写或者改写。为了更好地优化高中英语读写整合教学,教师还可以以体裁和篇章结构为切入点,让学生将对话改写成故事,或者在课堂上与学生一同分析文本的结构和特点,一步一步地提高学生的写作水平。

(二)高中英语读写整合特色课程的构建

为了更好地介绍高中英语教学中读写整合特色课程构建方法,本文以人教版高中英语必修一的 Unit 3 Travel Journal 中 Using language 为例,具体介绍读写整合特色课程的构建过程。Travel Journal 是一篇记叙文,作者描写了自己旅行过程中所遇到的风景及人和事,抒发了许多自己对旅行的感受。

1. 借鉴好词佳句

通过阅读会发现 Travel Journal 这篇文章无论是用词还是造句都非常优美,很好地贴合了作者所描写的地方的风景。读者阅读之后仿佛看到了作者看到的风景。基于此，教师可以选择一段具有特点的内容，注意控制段落的长度，两到三句即可，让学生认真阅读、分析这段内容的意思，并让学生选出自己最喜欢的词汇及句型。

（1）教学片段一。

教师从阅读文本中选择一段话："At one point we were so high that we found ourselves cycling through clouds. Then we began going down the hills. It was great fun especially as it gradually became much warmer."

教师通过分析作者的用词和造句，引导学生进行模仿写作，最终让学生独立完成。通过细致且严谨的阅读分析过程，学生很容易畅游在英语知识的海洋中。当学生对段落内容有了足够的认识之后，教师便可以利用朗读的作用进一步激发他们对于语言的兴趣，让他们充分融入语境，感受语言的魅力，培养语感。当然在这一过程中，教师需要给学生布置词句整理及写作任务，一步一步地培养学生积累、运用语言的能力。教师还可以在课堂上及时选择段落中的词汇，让学生造句，提高他们的词汇应用能力，同时活跃课堂气氛，进一步开发学生的创造性思维。例如，对于gradually和especially这两个副词，虽然学生已经非常熟悉了，但是大部分学生在写作文时不会灵活运用。为此，教师可以利用课堂时间提高学生应用这两个副词的能力，如让学生用这两个词单独造句或者放在一起造句。

（2）教学片段二。

以gradually造句："Gradually we learned to cope." 以especially造句："Millions of wild flowers colour the valleys, especially in April and May."

只有教师布置的写作任务与课堂上的阅读内容相关，才能够让学生把握住写作的目标，积极应用新学习的词汇和句子，真正达到学以致用的目的。教师要认真批改学生的作文，查看他们是否应用了阅读文本中的词汇和句子。同时，要评价学生对于词汇和句型运用的熟练度和恰当程度。通过这样的读写任务训练，学生能够逐渐提升英语写作水平，从而提高英语综合应用水平。

2. 复述迁移

Travel Journal这篇文章思维清晰、语言优美，作者用心描写了自己所见到的风景，并且用了大量的比喻句，对于细节的描述非常到位。总的来讲，文本的赏析价值非常高，词句也比较新鲜。学生在阅读的过程中能够感觉到英语这门语言的魅力。这里所说的复述迁移要求教师利用文本中的词汇及句式，引导学生复述并在此基础上形成自己的观点和看法。复述要具有条理性，要充分应用话题词汇。最后，完成写作。具体教学步骤如下。

第一步，提问。在学生对文本内容进行阅读和赏析之后，教师及时向学生提问。

（1）教学片段三。

What do you know about "this travel journal" and what do you want to know about this travel?

提问旨在让学生再一次回顾全文，带着问题阅读并发现自己遗漏的内容。同时，教师应结合文本中作者所描述的地方的风景向学生解释文本内容，帮助学生巩固、内化阅读过程中吸收到的信息。接着，复述迁移。在学生理解了文章的大概意思并认真分析文本的结构后，才算进入复述迁移的环节。对于复述课文的模式和角度，允许学生根据自己对文章的理解自由选择，不必局限于某一种模式或角度。这一环节主要是为最终的课文复述搭建框架。教师还可以在这一阶段向学生提出问题。

（2）教学片段四。

①What is the topic sentence of each paragraph?

②How many parts can the passage be divided into? And why?

当学生已经能够有条理地回答这两个问题时就可以复述课文内容，表达自己的观点和看法了。复述迁移考验的是学生的阅读能力和表达能力，甚至是对文本内容的理解能力。因此在这一阶段中，教师能够清楚地了解学生的英语水平。教师在对学生的复述进行评价时，主要是对其归纳概括能力评价。在课堂上，教师要扮演好引导者的角色，引导学生充分把握文本结构，带着问题阅读，以便于形成清晰的复述思路。

3. 改写经典体裁

教学片段五：Although it was autumn, the snow was already beginning to fall in Tibet. Our legs were so heavy and cold that they felt like blocks of ice. Have you ever seen snowmen ride bicycles? That's what we looked like.

将这一段文本作为阅读资料是非常合适的。短短几句话中包含了许多内容，如具体的旅行地点、时间和天气等。作者用生动的语句形容了旅行时的状态，更好地向读者传达了西藏秋天的天气状况，即非常冷，他们就像是"雪人在骑自行车"一样。这一段生动、有趣的描写能够吸引学生的注意力。教师可以利用这段话鼓励学生摘取其中经典的词汇和句型进行改写。由于这段话属于记叙形式，可以让学生发挥想象力，结合这段文字所包含的信息，将其改写成对话的形式，赋予这些词汇新的意义和活力。然而，改写需要建立在阅读理解的基础上。只有学生完全读懂了这段话的意思，才可能改写出有价值且富有趣味的对话。通过鼓励学生改写经典体裁，能够提高他们的英语语言综合应用能力。

改写是没有体裁限制的。学生完全可以充分发挥想象力，将这段内容改写成童话、对话、戏剧等形式。教师在评价时要跳出固有的思维模式，从学生改写的作文内容和形式两个标准入手，评价作文的优劣。如果教师在批改作文的过程中发现了具有趣味性和价值的作品，就可以在课堂上与学生分享，尤其是那些改写成戏剧的作文，可以在课堂上组织学生扮演其中的角色，从而打造一堂生动、活泼的英语课。

4.借鉴论证方法

Travel Journal这篇文章始终以描写旅行时的所见所闻为主。因此，在布置写作任务时，教师可以同样以此为出发点，要求学生结合自己的经验写一篇旅行游记并在作文中应用文章中作者所用到的句型。这篇文章有大量直白的描写，直接将西藏的景色铺陈在读者的眼前，也有用比喻修辞方式的风景描写，不仅具有趣味性，而且非常准确，让读者仿佛与作者一样去到了西藏，看到了那里的风景。而为了更好地阅读文章，教师可以将西藏风景的相关视频、图画资料制作成PPT，为学生播放并介绍，鼓励学生感受语言和视频、图画的不一样，引导他们写作。

教学片段六：In the valleys colourful butterflies flew around us and we saw many yaks and sheep eating green grass. At this point we had to change our caps, coats, gloves and trousers for T-shirts and shorts.

在文章一开始，作者写到了秋天的西藏非常冷，他们就像是雪人一样在骑行；之后写到他们看到了美丽的景色，同时开始脱掉长裤、外衣等御寒衣物。这时，教师应适当地引导学生思考"为什么这样写"，鼓励他们搜集与西藏相关的地理、气候知识，帮助他们拓宽知识面，为写作积累丰富的素材。教师还可以让学生寻找与西藏地理、气候相似或者相反的地方进行写作。通过这种方式的训练，学生不仅能积累更多的知识，还能提高写作水平。

构建高中英语读写整合特色课程的方式和模式比较多，需要教师积极研读教材内容，掌握阅读材料的特点，结合学生的具体情况选择合适的方式和模式，并将其落实到具体的教学活动中，构建一堂具有生动性和实践价值的英语读写整合课，引导学生将学会的技能应用到写作中，提高写作水平，同时提升英语语言综合应用能力。

在高中英语教学实践中，蔡天全老师结合学生的具体情况，采用读写整合的教学模式进行写作教学，总结了借鉴好词佳句、复述迁移、改写经典体裁、借鉴论证方法四大策略，构建出一堂具有生动性和实践价值的英语读写整合课。通过教科研的研究和输出，该教学模式在学校英语科组内得到交流、借鉴、推广，逐步成为学校英语学科的重要教学模式之一，推动了学校英语教育的发展。

教科研工作是大岗中学进行教育改革和创新的重要动力。通过一系列从问题出发、以实践为导向的教科研活动，教师不仅能够解决教学中的实际问题，提升教学质量和效果，还能在过程中不断学习和成长，成为更加优秀的教育工作者。

四、课题论文案例

在推进科研强校工程的过程中，大岗中学紧跟时代步伐，积极参与"粤黔教育协作"行动，与粤黔两地的教育资源实现了深度对接与共享。这一行动不仅为大岗中学带来了先进的教育理念和教学方法，更为学校的科研工作注入了新的活力。与此同时，学校成立了课题组，为了推进研究和当地发展，撰写了一系列论文。例如，刘世烽、龙国明校长以中共中央、国务院印发的《关于深化教育教学改革全面提高义务教育质量的意见》中所倡导的"五育并举"思想为指导，以黔南州惠水县部分学校为样本校，从"德智体美劳"五个维度，提炼在黔南州推广和借鉴的策略和范式，以期促进"德智体美劳"良性、和谐和全面发展，为五育并举、全面育人实践提供可以参考的路径。

惠水县在"五育并举"探索中存在问题和解决策略

（一）"五育并举"探索中存在的问题

1. 德育方面

黔南州在德育方面面临两大核心挑战：德育效率低下与滞后性。在德育实施过程中，学生常常被动接受，缺乏主动参与和自我教育的契机，这限制了德育效果的发挥。同时，德育活动被过度分割，与学科教学和学校整体课程相脱节，导致德育未能与其他教育领域形成协同作用，共同促进学生的全面发展。

2. 智育方面

智育方面存在的问题主要集中在评价体系、教学方式以及教师专业发展三个方面。第一，教学评价方式单一，政府和社会过于强调结果性评价，忽视了对学生学习过程和成长增值的评估，这不利于全面反映学生的学习状况。第二，教学方式落后，教师主导的"填鸭式"教学仍然占据主导地位，导致课堂效率低下，学生学业负担沉重，缺乏主动学习和探究的机会。第三，教师专业发展受限，校本教研和集体备课的质量不高，缺乏促进教师专业成长的有效平台，这制约了教师教育教学水平的提升和综合素质的增强。

3. 体育方面

黔南州体育教学面临的挑战，主要体现在教学模式、文化传承及教学内容上。第一，教学模式单一，缺乏创新，难以满足学生对体育课程和竞技体育的多样化需求，导致学生对现有教学方式兴趣不高。第二，地方民族体育文化未能得到有效传承，这些具有独特魅力的文化元素正面临消失的风险，未能充分融入体育教学之中。第三，传统体育教学内容选择有限，项目单调且缺乏新意，教学方法过时，难以激发学生的学习兴趣和积极性。

4.美育方面

惠水县初中阶段的美育教育困境，首先是重视程度不足，导致美育在整体教育体系中被边缘化；其次是投入不足，无论是资金还是资源都未能充分满足美育教育的需求。此外，师资短缺问题严重，特别是偏远农村初中，美育教师匮乏，使得美育教育几乎成为空白，学生难以接受到系统的美育教育。这些问题共同导致了学生审美能力和创造力的培养受到严重制约，影响了学生的全面发展。

5.劳育方面

劳育方面存在的问题主要表现在学生对劳动缺乏兴趣、劳动教育未能有效融入学校课程以及缺乏科学的劳动教育体系。农村孩子对劳动存在排斥心理，缺乏劳动的价值感和幸福感。同时，劳动教育未能有效融入学校课程，缺乏系统的教育内容、教学方法和科学的劳动教育体系，难以培养学生的劳动素养和劳动精神。

（二）"五育并举"探索中的问题解决方案

1.德育方面的解决方案

针对黔南州惠水县基础教育的现状，我们提出了"构建德育课程体系，明确课程目标，开展四育实践"的设想，旨在全面推进德育工作系列化、人本化、科学化、规范化、制度化。

一是致力于建立完整的学校德育课程体系，通过转化德育资源，形成四大德育项目统领下的德育课程，旨在形成多层次、全方位的德育课程网络，发挥各种德育课程的优势。这些课程不仅包括显性课程，还涵盖了隐性课程，通过有形与无形的融合，使其相互配合、彼此促进，形成强大的德育合力。

二是确立明确的德育课程目标，旨在拓宽学生的道德学习领域，培养实践创新、科学精神、责任担当、人文底蕴、学会学习以及健康生活等六大核心素养。这些目标的实现将有助于学生全面发展，为未来的社会生活做好准备。

三是组织开展四育课程实施，包括理想信念教育、诚信责任与感恩教育、民族精神与自主创新教育以及绿色生命教育，旨在通过具体行动，将德育理念融入学生的日常生活中，培养他们的社会责任感和公民意识。同时，我们也注重学生的心理健康和生命安全教育，通过心理辅导和安全教育等方式，提高学生的心理素质和自我保护能力。

该德育课程实施方案旨在通过构建完整的德育课程体系、明确课程目标以及开展四育实践等方式，全面提升黔南州惠水县基础教育的德育水平，有助于学生全面发展，为他们的未来生活奠定坚实的基础。

2.智育方面的解决方案

贵州省惠水县第四中学积极响应国家新课程标准，围绕"教育立身、质量立校、课改立本"的方向，深化课堂教学改革，以提升师生综合素质和核心素养为目标。在智育变革方面，学校采取了课堂改革与特色教学活动两项举措，取得了显著成效。

在课堂改革方面，惠水四中注重培养学生的自主学习能力、合作探究能力和反思总结能力。通过设定合理的课前预期、确定合理的学习内容等方法，引导学生自主学习，提升学习兴趣和效果；通过合作探究式学习，让学生在交流与合作中感受价值感、尊重感，实现智育提升；通过课堂点评与小结环节，培养学生的沟通能力、表达能力和反思总结能力。

在特色教学活动方面，惠水四中推行了"1+2+1项目"，其中足球特色教学尤为突出，具体表现为通过比赛教学法、循序教学法、信息化教学、拓展教学法和分层教学法等多种方式，提升学生的智育水平。例如，比赛教学法让学生在实践中提升判断能力和实际运用能力，循序教学法则注重保护学生好奇心、想象力，激发学习兴趣；信息化教学融合多种媒介，全方位刺激学生感官，促进足球思维发展；拓展教学法将足球教学贯穿于体育教学的各个方面，实现课内课外相互补充；分层教学法则根据学生的个体差异进行针对性教学，实现整体足球能力的提升。

这些举措不仅符合新课程标准的要求，也适应了新时代变化和发展的需求。该校的成功经验为其他学校提供了有益的借鉴和启示，有助于推动基础教育质量的全面提升。

3.体育方面的解决方案

惠水县第四中学在惠兴团队的引领下，积极响应黔南州教育局的"1+2+1项目"教学改革要求，以藤球这一引进体育项目为载体，巧妙融合布依族传统体育运动毽子，成功打造出具有鲜明地方特色的体育教学模式。

学校在体育项目选择上展现出高度的审慎与智慧，不仅考虑项目的特色与潜质，更着眼于民族文化的传承与推广。藤球与毽子技术的相似性，使得这一选择既符合学生兴趣，又便于教学实施。通过普及活动、特色项目推广及训练竞赛的常抓不懈，学校成功地将藤毽球运动融入学生的日常生活，有效提升了学生的体育素养与文化自信。

在课前改编方面,考虑到学校的经济承受力和学生的年龄特点,藤球运动以其场地要求低、器材简单、成本低等优势,成为学校体育教育的理想选择。惠水四中坚持地方民族特色,强化文化内涵,并体现时代要求。改编过程中,教师们深入挖掘藤球、毽球的项目特征,提取个性化元素,保护民族文化特色,并恰当地运用体育文化元素,精准把握时代脉动,极大地丰富了学校体育课程内容。

规范课堂教学是提升教学质量的关键。惠水四中在实际体育课堂教学中,遵循项目文化规律和体育教学规律,因材施教,注重学生技能技术的考查,以及情感、兴趣、意志、习惯等心理素质的培养和评价。同时,安全意识贯穿始终,教学过程中特别强调安全性,让学生懂规则、循序渐进,学会保护自己,尽量避免不必要的身体碰撞。

惠水县第四中学通过慎重选择体育项目、紧扣项目特点完成校本化课前改编、遵循项目规律规范课堂教学等举措,成功地将藤毽球运动引入学校体育课堂,既唤起了学生体育学习的热情,又实现了对民族传统体育的传承与推广,为"五育并举"的教育体系注入了新的活力。

4.美育方面的解决方案

第一,出台指导性文件,统筹美育工作。惠水县教育行政部门需尽快制定地方性美育工作指导性文件,明确美育工作的目标和要求,实现全县美育工作的统一规划和整体统筹。这不仅能调动地方教育行政部门美育工作的积极性和创造性,还能确保美育工作在偏远地区得到有效实施。

第二,加大美育投入,补齐设施短板。针对惠水县初中美育设施设备不足的问题,教育行政部门应增加对美育工作的投入,特别是加大对农村和偏远地区初中美育工作的支持力度,通过改善美育设施,提高美育教学质量,缩小地区、城乡、校际的美育差距。

第三,加强教师队伍建设,提升教学水平。惠水县应拓展美育教师的招聘渠道,招聘更多专职美育教师,并加强在岗美育教师的培训,提高他们的专业素养和教学能力。同时,通过校际结对、城乡结对等形式进行"对口交流"和"下乡巡教",改善美育师资现状。

第四,完善美育工作机制,确保规范化发展。惠水县应落实美育工作中的主体责任,教育主管部门、老师、家长都应提高认识,关注学生的长期发展。同时,通过建立健全美育评价制度,有效推进学生艺术素质测评和学校艺术教育质量考评工作;通过建立美育督导的长效机制,将美育课程开课率和合格率纳入教师考核和学校考核的重要指标。

第五,丰富美育课程设置,满足学生需求。惠水县应关注全体学生的美育需求，丰富美育课程设置，让不同兴趣的学生都能选择到自己喜欢的美育实践活动。通过开设多样化的美育课程，提高学生的审美素养和创新能力，促进学生的全面发展

总之，惠水县初中阶段美育工作的提升需从政策引导、投入保障、师资建设、机制完善、课程设置等多方面入手，共同推动美育工作的全面发展。

5.劳动教育方面的解决方案

惠水四中在劳育教育方面的创新实践，特别是通过强化综合实践活动作为劳育教育的载体，展现了其独特的教育理念与教学模式。学校积极响应国家号召，将综合实践活动课程纳入学校发展规划，并以此为契机，推动"五育并举"思想的落实。

在组织实施综合实践活动课的过程中，惠水四中采取了多项有力措施。学校成立了实施领导小组，负责课程的组织和管理，确保课程有序开展；构建了完善的课程组织体系，明确了谁来教、教什么、怎么教的问题，使课程实施更加科学、规范。同时，在师资方面，学校充分利用全体教职员工、学生家长及社会各界有专长的人员，形成了一支多元化的指导教师队伍。

在课程管理方面，惠水四中建立了健全的管理体系，包括教师配备制度、课时管理制度、安全管理制度等，为课程的实施提供了有力保障。特别是校本培训制度的建立，不仅提高了教师的专业素养，还促进了教师之间的交流与合作，为课程的持续优化提供了动力。

此外，该校还注重课程资源的开发与利用，结合学校实际和学生需求，设计了一系列富有特色的实践活动主题。这些活动不仅有助于提升学生的知识、能力和情感态度，还培养了学生的创新意识和实践能力。

通过强化综合实践活动作为劳育教育的载体，不仅实现了劳育教育的创新与发展，符合国家教育政策导向，也为学生提供了更多元化的学习机会和发展空间。同时，学校的成功经验也为其他学校提供了有益的借鉴和启示，有助于推动整个教育体系的改革与发展。

"五育并举"思想强调学生综合素质和核心素养的培养，是全面发展素质教育的重要指导。广州对口帮扶黔南惠兴团队提炼的课题成果，不仅拓宽了教育帮扶的思路，也为"乡村教育振兴"提供了实践经验。惠水教育正处于从量变到质变的关键时期，必须坚持"特色教育强县"的路径，努力实现教育资源的持续增加和教育水平的不断提升。只要我们以学生为中心，不断涵养教育情怀，立足新发展阶段，提升教育服务能力，顽强拼搏，就一定能够推动惠水教育高质量发展，为粤黔教育协作行动新未来作出更大贡献。

第三节　信息赋能工程

在信息化快速发展的今天，信息技术已经深入渗透到社会的各个领域，改变着人们的认知形态和学习方式，同时对教师的信息素养和教学能力提出了新的要求。随着教育部《教育信息化2.0行动计划》的发布及《教师教育振兴行动计划（2018—2022年）》的深入实施，提升中小学教师信息技术应用能力成为教育改革的重要方向。提升教师信息技术应用能力，是深化教育教学改革、促进教育创新发展的关键。因此，学校要进一步加强现代教育技术的引领，切实加强现代化设备的管理和利用，逐渐培养一批能熟悉使用信息技术、运用精准教学模式来促进教学质量发展的教师。

一般而言，教师信息赋能教学的实施路径包括以下几个方面：一是规划与设计，根据学校的实际情况和教师的实际需求，制订科学、合理的信息化教学能力提升计划，明确目标和任务；二是培训与学习，采用多种形式的培训方式（如面授、网络研修、教师工作坊等），为教师提供个性化、方便、快捷、高效的培训模式，培训内容应涵盖信息技术基础知识、教学软件应用、教学资源开发等方面；三是实践与应用，鼓励教师在日常教学中积极运用所学信息技术，创新教学模式和方法，提升教学效果，同时，学校应提供必要的支持和保障，如建设数字化教学环境、提供教学资源等；四是考核与评估，建立科学合理的考核评估机制，对教师的信息技术应用能力进行考核评估，并根据评估结果及时调整培训计划和内容，同时，通过考核评估激励教师积极参与信息化教学能力提升活动。

一、提升教师信息能力

在广州市教育局及南沙教育局的指导下，大岗中学全面提升教师队伍的信息化能力，以应对信息技术发展对教育教学的挑战，提升教师信息能力。

（一）具体目标

学校通过六项具体目标，旨在实现教师信息能力的提升，促进信息技术在教育教学中的深度融合，从而为学生创造更丰富、多样化的学习体验，推动教育教学的现代化变革。

第一，智慧课堂技能提升。帮助教师熟练运用智慧课堂平板和多媒体交互电视等信息化教学设备，学会有效地利用这些工具展示教学内容、引导学生参与，从而在课堂中创造更丰富的教学体验，提高教学效果。

第二，教育技术应用。培训教师在课堂中合理应用各类教育技术工具，如在线教育平台、教学管理软件等，掌握如何在不同教学情境下，选择并利用适当的教育技术来支持学生的学习和发展。

第三，个性化学习支持。培养教师使用信息技术来实现个性化教学，懂得根据学生的兴趣、能力和学习风格，设计和提供个性化的学习资源和活动，促进每个学生的发展。

第四，教学方式创新。引导教师探索信息技术在不同学科和领域中的创新应用，积极探索基于信息技术的合作式学习、问题解决和实践性教学等新模式，从而推动教学方式的变革。

第五，跨学科整合。鼓励教师将信息技术与其他学科进行有机融合，学会如何设计跨学科项目，创造跨学科的学习体验，促进学生形成跨学科思维和全面发展。

第六，持续专业发展。建立持续的教师专业发展机制，包括定期培训、分享会和反思研讨，使得教师不断更新信息技术知识，提升应用水平，并在实践中不断反思和改进。

（二）主要措施

1. 组建"校长领衔、应用导向"的学校信息化管理团队

由校领导担任学校首席信息官（CIO），组建由校长领衔、教学（教研）主任、信息技术骨干等3～5人构成的学校信息化管理团队，负责本校提升工程2.0总体工作。以信息化教育教学发展规划方案和教师校本研修计划的制订与落实、信息化教育教学创新活动作为工作主线，指导并监督学校信息化管理团队、助力学校信息化管理团队整体的信息化领导力提升。

2. 创建"先行先试、示范引领"的应用能力试点科组和年级

按照多媒体教学环境支持"集体教"、混合学习环境支持"集体学"和智慧学习环境支持"个性学"三种不同类型教学环境，分别遴选若干试点。

3. 开展"整校推进、一校一案"的以校为本全员研训

学校充分发挥主体作用，按照"整校推进、一校一案"的原则，根据学校的信息化教育教学发展规划方案，组建"骨干引领、学科联动、团队互助、整体提升"的研修共同体。研修共同体（学科组、年级组等）聚焦教师应用信息技术进行学情分析、教学设计、学法指导和学业评价的能力，围绕学科课程标准、专业教学标准，以问题为导向确定校本研修主题、开设校本研修工作坊。教师根据信息化教育教学发展规划方案和研修主题范围选取微能力点，开展网络研修、校本实践应用、线上听评课和"晒课"等活动，打造"技术创新课

堂",探索大数据支持下教学创新和个性化教学。区域远程培训教师发展中心提供研训平台、资源及实施案例，组织区校按要求研训；各区级教师发展中心对学校信息化教育教学发展规划方案进行审核备案，对学校整体推进进行督导监管；学校制定信息化教育教学发展规划方案，评估学校教学环境，确定研修主题范围，创建校内研修共同体，对校内研修工作坊进行审核，组织本校教师参加网络研修、校本实践应用和发展测评。

4. 打造"专兼结合、技精善导"的分级研训指导团队

发挥试点的作用，选拔一线信息技术应用能力突出的骨干教师，分层、分批开展专项培训，打造一支专兼结合、素质好、教学优、懂技术、会应用、善指导、高水平的研训指导团队，推动示范性、个性化研训指导。专项培训以引领校本实践应用为主线，提高培训者指导信息化教学实践以及应用信息技术制订规划、组织教研、指导研修、开展测评等活动的能力。学校以市、区两级研训指导团队为依托完成校内研修负责人培训，使其具备引领信息化教育教学、开设和主持研修工作坊的能力。

5. 组建"智慧特色"的信息化教学创新团队

推动学校和教师主动应用互联网、大数据、虚拟现实、人工智能、物联网等新技术进行教育教学创新，开展智慧教学、智慧教研、智慧评价和智慧治理。充分利用信息化教学试点资源，选定教育教学领域，开展信息化教学项目实践（区域、学校层级，跨学科领域等），形成一批优秀案例资源，示范推广。

6. 建立"结对帮扶、双师教学"的校内协同研训模式

开展校内的结对帮扶，因地制宜地开展教师信息化教学示范培训与实践。探索名师网络课堂、直录播传递课堂、远程协同教研和在线听评课系统相结合的"双师教学"培训模式，充分发挥知名教师的示范引领作用，构建聚焦信息化应用主题的常态化研修共同体，实现协同推进、资源共享、均衡发展。学校根据校内结对规划开展帮扶活动，并可自主开展其他协同研训活动。

7. 建设"智能推进、全程支持"的特色教师研修社区

按照"一校一社区、一坊一特色、一人一空间"的原则，创设集学习、研修、实践、听评课、测评于一体的智能化学习环境。为教师配备个人网络研修空间，支持教师参与研修、获取资源、在线交流、成果管理和发展测评等，为教师参加提升工程2.0工作提供全程一体化网络空间平台。学校通过研修社区完成教学环境评估、信息化教育教学发展规划方案提交、校内研修共同体（学科组、教研组或年级组等）组建、校内工作坊审核、教师研训组织等工作。

8. 建立"成果导向、全程监测"的研训应用评价机制

建立成果导向、全程监测、数据驱动的能力评估模型，将教师的研修学

习、教学实践等活动纳入评估范畴，以评促用。组织教师依托广州市中小学教师继续教育网研修社区开展网络研修和校本实践应用，及时上传相关成果，实现全过程的跟踪评价。

通过以上措施，学校有针对性地推进教师信息化能力提升工程，逐步实现信息技术在教育教学中的深度融合，推动学校教育的创新与发展。

（三）达成指标

第一，智慧课堂技能提升指标：教师智慧课堂设备熟练操作比例增加，教师在课堂中使用交互多媒体设备的频率增加。评估方法：观察教师在课堂中的设备操作情况；采用课堂观察和教学记录，记录教师使用智慧课堂设备的情况。

第二，教育技术应用指标：教师在课堂中使用在线教育平台和教学管理软件的频率增加，教师能够选择适当的教育技术工具来支持不同的教学情境。评估方法：调查教师培训后的应用情况；观察教师在教学中是否灵活运用教育技术工具。

第三，个性化学习支持指标：教师设计和提供个性化学习资源和活动的数量增加，学生参与个性化学习的积极程度提高。评估方法：收集教师提交的个性化学习设计案例；调查学生对个性化学习的反馈和参与度。

第四，教学方式创新指标：教师尝试采用信息技术支持的新教学方式的次数增加，学生在创新教学方式中的参与度和表现提升。评估方法：收集教师的教学计划和教学活动记录；观察学生在创新教学模式下的表现和反应。

第五，跨学科整合指标：教师设计的跨学科项目数量和质量提升，学生在跨学科项目中的跨学科思维能力和学科知识的整合。评估方法：收集教师提交的跨学科项目方案和教学资料、学生的项目成果和反思。

第六，持续专业发展指标：教师参与持续专业发展活动的频率增加，教师在持续专业发展过程中的反思和改进。评估方法：记录教师参加培训和活动的次数；跟踪教师的反思报告和实践改进情况。

综合利用以上指标和评估方法，定期进行综合性的评估和分析，以评估学校是否达成提升教师信息能力的目标。通过收集师生反馈、观察课堂实际情况、分析学生综合素质和学术成绩等多种方法，形成全面的评估报告，以进一步指导教师培训和信息化推广工作。

二、打造精准教育模式

在教育领域，大数据的应用为精准教育提供了可能，其核心在于精准教学。精准教学是根据课程标准、学科素养和学生发展规律，基于"教学评"一体化模式，遵循教学和学生成长规律，聚焦于课堂教学价值的实现。精准教学是一种准确把握教学目标和教学内容，构建科学的教学结构，细化教学流程，追求课堂教学知识与技能、思维与习惯、内容与形式、目标与结果的高度吻合，实现预期教学目标和完美教学结果的活动过程，能够最大限度地促使学生在学习上有真正意义上的收获、进步。

结合大岗中学面临的教学管理不够精细化、教学资源分配不均、教学效果难以量化等问题，推进"基于大数据应用的精准教育模式"成为学校教育创新的必然选择。学校依托现有的基于人工智能技术的教学移动终端设备和后台数据管理平台，开展智慧课堂的实践教学探究，深入跟踪课堂教学，探究精准教学模式的实践策略，检验精准教学模式的实践成效。

（一）发展目标

第一，实现课堂教学目标与学生成长需求的高度吻合。第二，促使学生在学习上取得真正意义上的收获和进步，提升课堂教学效果，使学生在课堂上的学习效率达到最佳状态。第三，构建课堂精准教学模式，实现教学内容、方法和学生需求的高度匹配。

具体来说，表现为四方面的精准化（表4-3）。一是管理精准化：通过大数据对学校各项管理工作进行精细化分析，提高管理决策的准确性和有效性。二是教学精准化：利用大数据分析学生的学习需求和能力水平，实现教学内容的个性化定制和精准推送。三是辅导精准化：通过对学生学习数据的跟踪分析，为学生提供个性化的学习辅导和解决方案。四是教师发展精准化：利用大数据对教师的教学行为和效果进行评估，为教师提供有针对性的专业发展建议。

表4-3 发展目标的精准化

项目	分项	具体目标
管理精准化	学生管理	通过大数据分析学生的行为、出勤、心理健康等，实现对学生的全面了解和个性化管理
	资源管理	利用大数据对学校的教学资源、设施等进行优化配置，确保资源的高效利用
	决策支持	通过数据挖掘和分析，为学校管理层提供科学、准确的决策依据

续表

项目	分项	具体目标
教学精准化	个性化教学计划	根据学生的学习历史、能力水平等,制订个性化的教学计划,确保教学内容与学生的实际需求相匹配
	实时教学反馈	通过大数据分析学生的学习表现,为教师提供实时的教学反馈,帮助教师及时调整教学策略
	教学效果评估	结合学生的学习成绩、作业完成情况等,对教师的教学效果进行客观、准确的评估
辅导精准化	学习问题诊断	通过对学生学习数据的分析,及时发现学生的学习问题,为学生提供个性化的解决方案
	个性化学习资源推荐	根据学生的学习需求和兴趣,为学生推荐个性化的学习资源,提高学生的学习效率
	学习进度跟踪	通过大数据跟踪学生的学习进度,确保每位学生都能得到及时的关注和帮助
教师发展精准化	教师教学能力评估	利用大数据对教师的教学行为、教学效果等进行评估,帮助教师明确自身的教学优势和不足
	个性化培训计划	根据教师的评估结果,为教师制订个性化的培训计划,促进教师的专业发展
	教学研究支持	通过大数据分析教学过程中的问题和挑战,为教师的教学研究提供数据支持和方向指导

(二)主要项目

1.建立数据中心

整合学校各类数据资源,建立统一的数据中心,为精准教学提供数据支持。一是智慧课堂平台优化。在现有的基于人工智能技术的教学移动终端设备和后台数据管理平台上,进一步优化智慧课堂平台,确保其稳定、高效地支持教学活动。整合各类资源,如教材、多媒体教学素材、在线题库等,以便教师更方便地进行教学设计和准备。二是课堂教学实时跟踪。利用信息化技术,建立课堂教学实时跟踪系统。教师可以通过移动终端实时记录课堂互动情况、学生表现、教学效果等,从而更好地把握课堂的教学动态。

2.教学数据分析与改进

运用大数据分析技术,对教学数据进行深度挖掘,从中发现教学的优点和缺点。通过数据分析的结果，及时调整教学策略，优化教学设计，不断提升教学质量。这需要开发或引入智能教学辅助工具，如教学数据分析工具、智能评价系统等，实现对教学、管理等数据的深入挖掘和分析，帮助教师更准确地评估自身的教学情况和学生的学习情况，从而根据不同学生的需求进行个性化的教学指导。

3. 精准教学模式实践

基于信息化平台，推进精准教学模式的实践。教师可以根据学科特点、学生水平和教学目标，灵活调整教学内容和方法，确保教学更贴近学生的需求。

4. 教师培训与支持

组织教师进行数据分析和精准教学理念的培训，提高教师的数据素养和信息化教学能力，让他们能够准确、灵活地应用信息技术进行精准教学。提供技术支持和指导，帮助教师解决在实际教学中遇到的问题。同时，建立教师之间的信息共享平台，教师可以分享精准教学的案例和经验，相互学习，共同探讨更好的实践策略。

5. 完善评价体系

建立与精准教学模式相适应的评价体系，对教学实践进行及时反馈和调整。一是管理效果评价。通过对比实施前后的管理数据，评估精准管理模式的实施效果。二是教学效果评价。结合学生的学业成绩、学习满意度等数据，对精准教学模式的实践效果进行评价。三是教师发展评价。通过对教师参与培训、教学改进等情况的考察，评估教师发展精准化的实施效果。

通过以上项目的推进，学校可以逐步构建起精准教学模式，将课堂教学目标、学生需求和教学方法高度匹配，实现教学内容的精准传递，最终提升学生的学习效果和个人成长。同时，信息化技术的运用也将为教师提供更多教学支持和工具，促进教学的创新和提升。

（三）主要措施

第一，教师培训计划。开展信息化教育培训，涵盖智慧课堂平台操作、数据分析工具使用、个性化教学策略等。培训内容要贴近教师实际需求，通过线上和线下相结合的方式进行。

第二，课堂教学实时观察。设立课堂观察小组，通过定期观察教学现场，收集教师课堂教学数据。这些数据将用于分析教学效果，帮助教师进行教学方式的改进。

第三，智能教学辅助工具开发。与技术团队合作，开发适用的智能教学辅助工具。这些工具可以根据学生的学习数据，为教师提供个性化教学建议，指导教师更好地满足学生需求。

第四，个性化教学设计指南。设计并提供个性化教学设计指南，帮助教师在教学过程中灵活地根据学科、学生差异等因素，调整教学内容和策略。

第五，教学数据分析团队。成立专门的教学数据分析团队，负责收集、整理和分析教学数据。团队可以从数据中挖掘教学趋势、学生表现等信息，为教师提供教学改进建议。

第六，精准教学实践研讨会。定期组织教师参加精准教学实践研讨会，分享成功案例、教学经验和教学创新成果，通过交流激发教师的创新思维和教学热情。

第七，教学评估体系。建立教学评估体系，将教学效果作为重要评价指标之一。教师的教学成果与学生成长效果紧密联系，激励教师积极探索精准教学。

第八，学校信息共享平台。建立学校内部的信息共享平台，供教师上传和下载精准教学案例、资源、课件等，促进教学经验交流。

第九，领导支持与激励机制。学校领导要充分支持精准教学的推进，制订相应激励机制，鼓励教师在实践中探索创新。定期对取得显著成效的教师进行表彰和奖励。

第十，家长参与计划。鼓励家长参与精准教学的实践，通过家长会、家访等方式向家长介绍精准教学理念，让家长能够更好地理解和支持学校的教学目标。

通过以上措施的有机结合，学校可以全面推进精准教学的实践，实现课堂教学目标与学生成长需求的高度吻合，促使学生在学习上取得收获和进步，以及构建精准教学模式，满足教学内容、方法和学生需求的高度匹配。同时，这将促使教学效果和教学目标达到最佳状态，为学生的学习提供更有意义的支持。通过以上具体化的目标、任务、计划和措施，学校能够在发展规划的指导下，充分发挥精准教学的优势，为学生提供个性化和高效的教育教学服务，促使教师不断提升教学能力，实现预期的教学目标，达到完美的教学效果。

（四）达成指标

第一，智慧课堂平台优化指标：平台的稳定性和效率得到提升，教师使用智慧课堂平台的满意度提高，教师使用平台的频率和资源的整合情况增加。

第二，课堂教学实时跟踪指标：教师使用实时跟踪系统的比例上升。从跟踪数据中获得的教学调整次数增多，学生对课堂的参与度和满意度提升。

第三，智能教学辅助工具指标：智能教学辅助工具的使用率逐渐增加，教师对这些工具提供的个性化建议和评价系统的满意度提高。学生的学习成绩整体有所提升。

第四，精准教学模式实践指标：教师采用不同于传统教学模式的次数增多，根据学科特点和学生水平调整教学内容和方法的频率上升。学生的学习兴趣和参与度增加。

第五，教学数据分析与改进指标：大数据分析的报告能够及时生成，并被广泛应用于教学决策。教学策略和课程设计根据数据分析结果做出的调整增多，教学质量得到显著提升。

第六，教师培训与支持指标：参加信息化教育培训的教师比例增加。教师在应用信息技术进行教学时遇到的问题能够得到及时解决，教师的信息化教学能力逐步提升。

第七，教学案例共享与交流指标：教师信息共享平台上教学案例和经验的分享频率增大，教师之间的合作和互相学习的氛围逐渐浓厚。

通过构建精准教学模式，对于学生来说，可以合理分配教学资源，避免资源浪费，确保每位学生都能获得优质的教育资源；对于教师来说，课堂教学实现了个性化教学，即通过大数据分析学生的学习行为、成绩波动等情况，为教师提供有针对性的教学策略，实现个性化教学，同时，大数据可以为教师提供丰富的教学反馈，帮助教师改进教学方法，提升教学效果；对于学校来说，大数据可以帮助学校实现管理的精准化，提高决策的科学性和有效性。

总的来说，信息化教学能力的提升是一个持续的过程，学校应建立长效机制不断推动教师的信息化教学能力向更高层次发展。此外，还应强化校际的沟通与合作，携手共进，共同推动教育信息化事业的发展。

附　录

广州市南沙大岗中学"刚正优师"评奖方案

校级"刚正优师"评奖总方案

一、评奖原则

综合考虑，兼顾公平，促进发展，目标导向。

二、评价方案

1.根据大岗中学"刚正优师"系列评奖原则、"综合考虑"原则和学校发展方向的"目标导向"，合理设置学校各个单项比重。按照"德勤10%、德育30%、教学45%、科研15%"的比例评定校级"刚正优师"。（凡"德勤"考核不合格的教师，一律取消其该年度"刚正优师"系列评奖资格）

2.德育、教学、科研分别根据大岗中学"刚正优师"系列评奖原则"兼顾公平，促进发展"，在"刚正德育之星""刚正教学之星""刚正科研之星"三个单项评奖中，凡德勤考核合格者，在这三个单项前三名的老师，可直接按单项成绩评为"校级刚正优师"。

三、奖惩方案

1."刚正优师"系列评奖和年度考核挂钩，所有教学人员，凡在刚正优师评价中，单项或校级均不能获得优师的，不得评为优秀。后勤服务人员由校长室根据年度考核方案另行确定评价标准。

2."刚正优师"系列评奖和岗位量化晋升方案挂钩，具体方案将由学校另行出台《岗位量化晋升方案》，经学校行政会、教代会审议后通过执行。

3.本方案自教代会通过后执行，未尽事宜，由教代会年度会议研究讨论后修改补充。本考核总案细则，由校长室负责解释。

"刚正勤师"量化评价

一、职业道德考核（50分）

1.上课迟到或早退，每次扣3分；旷课，每节扣10分，并扣相应课节补助。

2.体罚、变相体罚、侮辱谩骂、讽刺挖苦、歧视学生，每人次扣5分。

3. 在办公室内打牌、玩游戏、炒股，每次扣10分。

4. 上课期间，所教班级的学生若无故跑出教室、微机室、实验室、操场，该节课的教师没有及时跟进处理，每人次扣该任课教师2分；造成安全事故者，该任课教师为第一责任人，并视情节轻重扣10～20分。（安全事故负法律责任）

5. 有偿家教者，一经查实，扣20分。

6. 没有原因，无正当理由，坚决不服从学校工作安排者，扣20分。

注：师德考核、评优树先一票否决，严重者将被清除出教师队伍。

二、考勤（50分）

1. 坐班迟到或早退，每次扣2分。

2. 无故不坐班，每上午或每下午扣5分。

3. 参加学校召开的各种会议或学校组织的集体活动，无故迟到或早退，每次扣3分；无故缺席，每次扣5分。

4. 每学年，参照大岗中学请假制度，超出标准，因私事请假累计超过一天者（不含1天），每天扣2分；因私事请假超三天者，每天扣4分。

5. 当年继续教育学习不达标，扣10分，取消当年年度评优资格。

注：每学年度下学期末，根据两个学期的赋分总和，再结合其他各种因素，由学校组成评委会评议，评出全年度的优秀教师。一学年累计低于90分则不能参加未来一学年的评优评先（含年度考核优秀、各级别优秀教师或优秀教育工作者等）。

"刚正德育之星"评价方案

一、学校德育常规工作（80分）

1. 德育《工作手册》《班务日志》等资料及时填写并上交的，得5分。

2. 认真组织学生、家长按时完成各类表格的填写及资料收集的，得5分；数据填报及资料收集多次延后或不齐者，根据情况得4～3分。

3. 按时参加学校组织的德育工作会议、班会公开课的听、评课活动以及积极配合年级德育管理的，得10分；无故缺席活动，不配合年级管理的，根据情况得7～5分；从不参加以上会议、活动的，得0分；因工作原因请假且被批准者按全勤给分。

4. 按时按质按量上好班会课的，得15分；多次将班会课改为自习课或改上其他科内容的，根据情况得10～8分；完全不上班会课的，该项不得分。

5. 一学期中，月十项评比总分90分及以上的，每月得12分；该月十项评比总分90分以上且在年级排名前50%的班级，排名第一的班级给班主任加3

分，排名第二的班级给班主任加2分，排名第三的班级给班主任加1.5分，排名第四的班级给班主任加1分；月十项评比总分低于90分的班级，班主任每月得10分。

二、附加内容（20分）

1.认真发动学生参加学校组织的校运会、元旦文艺汇演、义卖活动等并获奖的，每次获奖加1分，总加分不超过2分。

2.承担校级、镇级、区级班会公开课对应加1分、1.5分、2分。

3.开展"刚正德育"社团活动或开发并实施"刚正德育"课程，期末有相关资料、成果，经德育线领导小组审核、认可的，可以加1～2分。

4.成功申报区、市德育系列课题并如期结题的，课题主持人根据课题级别对应加分2～3分；课题组成员根据课题级别对应加1～2分。(同一课题取最高级别加分)

5.参加校、镇、区级德育工作经验交流的对应加1分、1.5分、2分。(同一主题取最高级别加分)

6.德育类论文（教育叙事）获得区、市、省及以上部门的奖励或在相应正规刊物上发表，根据级别对应加1分、1.5分、2分。(同一篇作品取最高级别加分)

7.主持或参加名班主任工作室且按要求完成相关工作的班主任，按区、市级、省级分别给予主持人加1.5分、2分、3分和工作室成员1分、1.5分、2分。

8.本人获得校、区、市、省级德育类荣誉奖励的，根据级别对应加1～4分；本班学生由班主任辅导或带队参加比赛获得区、市、省级德育类荣誉奖励的，每生每次对应加1～3分。

"刚正教学之星"评价方案

一、配合学校组织的教学管理（15分）

1.按时上交工作计划、总结的，得3分；依时上交为2分，延迟上交为1分，未上交为0分。

2.出席科组活动并积极参与，得3分；缺勤2次以内，每次扣0.5分，缺勤3次以上（含3次），每次扣1分。科组内公开课听课活动参与，得2分；缺勤2次以内，每次扣0.5分，缺勤3次以上（含3次），每次扣1分。公开课的开展，市级4分，区级为3分，校级为2分，科组为1分（总分不超4分）。

3.主持专题或主题学习，得3分。科组长每学期不少于3次，第4次后每次加1分，组员每次加1分。总分不超3分。

二、教学过程与教学常规（25分）

1.备课。依据我校对备课的具体要求，教案的规范程度等将备课教案分为三个档次：优秀、一般、存在问题，分别记5分、4分和3分及以下。

2.上课。主要以行政听课、巡课形式进行，评价点主要为：课堂组织管理有序、师生互动、学生过程表现等方面进行，分为三个档次：优秀、良好、存在问题，分别记5分、4分和3分及以下。

3.作业布置、批改与课外辅导。依据检查情况一般分为四个档次：优秀、良好、合格、存在问题，分别记5分、4分、3分、2分及以下。无作业不得分。

4.听课。业务校长、行政中层、组员超8人的科组长每学年听课次数为30节及以上得5分，20节及以上得4分，16节及以上得3分，10节及以上得2分；其余教师每学年听课次数为20节及以上得5分，16节及以上得4分，10节及以上得3分，8节及以上得2分。

5.业务学习（或教学反思）笔记。每学年30次及以上得5分，24次及以上得4分，20次及以上得3分，10次及以上得2分，8次及以上得为1分。（含期中、期末总结在内，每学期笔记不少于3000字，内容符合要求，书写认真记录）

三、教学效果（50分）

【高中部】

1.按本科临界目标达成度的年级排序，前20%得20分，每往后5%减1分，60%以后的，统一计为10分。

2.按本科临界目标达成度最后一次与初始比对，进幅排序前20%得12分，每往后5%减0.5分，60%以后的，统一计为6分。

3.通过设计问卷调查，学生满意度在年级排序前20%得8分，每往后5%减0.3分，70%以后的，统一计为5分；通过设计量化表格，收集年级教师评价，平均得分在年级排序前20%得5分，每往后5%减0.2分，70%以后的，统一计为3分；通过设计量化表格，收集年级长和驻级行政对教师的评价，平均得分在年级排序前20%得5分，每往后5%减0.2分，70%以后的，统一计为3分。

【义教阶段】

以百分制为参照，85分及以上为优秀，70~84分为良好，60~69分为合格，60分以下为低分。

1.优秀率：30%及以上，得8分，25%~30%得7分，20%~25%得6分，15%~20%得5分，10%~15%得4分，5%~10%得2分，在0~5%得1分。

2.合格率：75%及以上，得8分，70%~75%得7分，65%~70%得6分，60%~65%得5分，55%~60%得4分，50%~55%得2分，45%~50%得1分。

3.低分率：30%及以上得1分，25%~30%得2分，20%~25%得4分，15%~20%得5分，10%~15%得6分，5%~10%得7分，0~5%得8分。

4.以优秀率、合格率、低分率为参考点，以优秀率、合格率的增加和低分率的减少绝对值的和对比起点，达8%得8分，达7%得7分，达6%得6分，达5%得5分，达4%得4分，达3%得3分，达2%得2分，达1%得1分。

5.评教。（与高中部相同）

"刚正教研之星"评价方案

一、积分范围

证书或获奖结果日期：计算同一学年。如因证书下发延期，可跨学年计算，只计一次，不重复计算。

证书盖章：各级政府部门及教育行政部门，含下属研究机构、广东省教育研究院、广州市教育研究院（广州市教育局教学研究室）或有广州市教育研究院（广州市教育局教学研究室）相关学科的、广州市南沙区教育发展中心、镇教育指导中心、校级事业单位。

业绩计算范围：只计算学科教科研业绩，不含德育教科研业绩，以免重复计算。凡与教学之星有重复的项目，不做重复加分。

二、积分标准

（一）校本基础教研（20分）

1.校级公开课、校级专题讲座按每次1分，每学期不超过5分，可分类累加计算；校本课题立项或结题，主持人按立项通知书日期加2分，成员加0.5分；学术委员会专家每学期开展课题、评审、评比等各项工作按每次参与活动0.5分累加计算。

2.社团活动的负责人每学期每项社团加2分。如果一个社团有两位负责人的，该项目各得一半的分。三人或三人以上负责的社团，只计前两位负责者分数，但若社团人数较多，三位指导老师每个学期各得1分。（被认定为不按要求完成工作任务的，适当减分）

3.教科研主管领导按每学期每项5分，主管行政按每学期每项4分，教科研助理及科组长按每学期每项3分，备课组长按每学期每项2分，学术委员会专家按每学期1分。

（二）教师专业发展（40分）

1.论文发表以刊物付印时间为准，区级刊物每篇1分，市级刊物每篇3分，省级刊物每篇5分，国家级刊物每篇6分（同一册编著收录计分不超2篇）。国家核心期刊10分。本项得分可累加，但同一论文在不同地方发表不累加，合著者前三名平均分配该奖项的得分。出版专著每本10分，编著8分。

2.课题主持人：规划课题：区级课题3分，市级课题5分，省级课题7分，国家级课题9分。(专项课题及其他类课题各减1分)课题参与者：前6位参与者按主持人分数平均分配该分值。

3.教学成果奖参照第2点中的"课题"的计算办法来统计。

4.教师个人获奖（技能提升）

市级比赛：一等奖4分，二等奖3分，三等奖2分。

省级比赛：一等奖6分，二等奖5分，三等奖4分。

国家级比赛：一等奖8分，二等奖7分，三等奖6分。

（三）指导学生（促进学生发展）（20分）

市级比赛：一等奖4分，二等奖3分，三等奖2分。

省级比赛：一等奖6分，二等奖5分，三等奖4分。

国家级比赛：一等奖8分，二等奖7分，三等奖6分。

补充说明：

1.本方案于2022年11月8日由广州市南沙大岗中学第十四届教代会审议通过，暂行试用。

2.具体条款解释，总方案由校长室负责解读，教师德勤考核方案由办公室负责解读，德育之星评价方案由德育处负责解读，教学之星评价方案由教务处负责解读，教研之星评价方案由科研处负责解读。

3.如有未尽事宜，需要修改或增减条款等重大事项，由校长室根据学校发展研究补充完善后，经教代会审议决定。

广州市南沙大岗中学2022年11月8日

结　语

苏格拉底言："教育不是灌输，而是点燃火焰。"在回望与前瞻的交织中，不难发现，"刚正教育"这一理念正如同一簇炽热火焰，照亮了我们教育的前路。从理念源泉的深入挖掘，到特色构建的精心布局，再到刚正特色课程的细致实施，以及课堂改革的全面推进，直至刚正优师的培养与成长，每一步都凝聚着我们对卓越教育的不懈追求和对学子未来的深切期望。

"刚正教育"的提出，是对国内外教育环境深刻洞察的结果，它不仅仅是对传统教育模式的继承与发扬，更是对新时代教育需求的积极回应。在理论基础与文化根源的双重滋养下，这一理念得以在学校这片沃土上生根发芽，茁壮成长。通过校情分析，我们更加明确了"刚正教育"在学校发展中的重要地位，以及它对于塑造学生品格、提升教育质量所起到的关键作用。

在特色构建方面，"刚正教育"以其鲜明的品牌定位、丰富的文化内涵、独特的课程体系和高效的课堂模式，赢得了广泛的认可与赞誉。刚正特色课程的实施，更是将核心素养的培养落到了实处，从尚德、博学、健体、雅美到勤勉，每一个课程都旨在培养学生的全面素质，让他们在知识的海洋中遨游，在品德的锤炼中成长，在艺术的熏陶中升华，在实践的磨砺中前行。

课堂改革是提升教育质量的核心环节。面对课堂教学的既有不足，我们勇于正视，并以创新思维为引领，重塑教学流程，探索全新教法，同时构建了一套科学而全面的评价体系，共同铸就了生态课堂这一充满活力的教学模式。这一模式不仅让课堂焕发了勃勃生机，更使学习成为一场探索与发现的盛宴。

"师者，所以传道受业解惑也"，教师的素质直接决定了教育的质量。因此，我们通过实施刚正优师建设工程、科研强校工程以及信息赋能工程，为教师搭建了成长与展示的广阔平台，提供了丰富的学习资源与机会，从而激发了他们投身教育改革的无限热情与创造力。这些教师，凭借其在教学、科研以及信息化教学等方面的卓越表现，已然成为学校发展的坚实脊梁，他们用自己的实际行动诠释了"学高为师，身正为范"的深刻内涵。

教育的真正目的应该是让人不断提出问题。在我们的课堂改革中，"刚正教育"将继续引领教师们以这样的教育理念为指导，不断引导学生主动思考、勇于探索，让课堂成为学生成长与进步的乐园。我们相信，在未来的日子里，随着"刚正教育"的不断深化与拓展，我们的课堂将会更加充满活力与智慧，我们的教师将会更加优秀与卓越，我们的学生也将会更加自信与坚强，共同书写着教育的辉煌篇章。

参考文献

[1] 向罗生，向洪.课堂育人教程［M］.武汉：华中科技大学出版社，2021(6)：141.

[2] 郭文祥，谢蕾蕾.五育融合视域下区域提升学校课程规划能力的策略研究［J］.中国教育学刊，2024（S2）：27-29.

[3] 刘珊，柳明含."五育融合"：内涵阐释、价值内核与实践路径［J］.广东第二师范学院学报，2024，44（5）：1-14.

[4] 安冬，高德胜.面对现代信息技术的教师媒介意识与媒介素养［J］.教育科学研究，2024（10）：83-89.

[5] 张耀文.数智赋能，让教与学更"智慧"［N］.新华日报，2024-10-24（A03）.

[6] 葛兴洪，谯永生，周丽斯.回归与突破：聚焦课堂新生态三大着力点［J］.教育科学论坛，2024（28）：72-73.

[7] 立足新课程新课标，构建新生态课堂［J］.北京教育（普教版），2024（7）：49.

[8] 马燕婷.生态课堂的转型建构［J］.教育，2024（17）：49-52.

[9] 刘鹰.基于核心素养的语文生态课堂创新教学设计［M］.南京：东南大学出版社，2021：241.

[10] 冯建军.构建德智体美劳全面培养的教育体系：理据与策略［J］.西北师大学报（社会科学版），2020，57（3）：5-14.

[11] 厉佳旭.构建德智体美劳全面培养的教育体系，重在"全面"［J］.人民教育，2018（21）：36-39.

[12] 吕伟清，赵广金.党建引领下的学校智育建设：以山东省胶州市第一中学为例［J］.现代教育，2019（1）：15-17.

[13] 张理科.新课程理念下中学数学学习过程评价的研究［J］.中学数学，2019（5）：83-84.

[14] 周莉.从"授之以鱼"到"授之以渔"：元认知策略与自主学习能力培养［J］.当代教育实践与教学研究，2015（8）：50-51.

[15] 潘永庆.建立自主互助学习型课堂的实践与认识［J］.当代教育科学，2006（14）：22-26.

［16］马光贤．新课堂理念下的7种新型教学模式［M］．北京：新华出版社，2023：195．

［17］田树林，赵玉泉．"三级立体生态"课程建设与实施［M］．北京：光明日报出版社，2022：398．